É possível facilitar a leitura

um guia para escrever claro

Yara Liberato
Lúcia Fulgêncio

É possível facilitar a leitura

um guia para escrever claro

editoracontexto

Capa e diagramação
Gustavo S. Vilas Boas

Revisão
Lilian Aquino

Dados Internacionais de Catalogação na Publicação (CIP)
(Câmara Brasileira do Livro, SP, Brasil)

Liberato, Yara
É possível facilitar a leitura : um guia para escrever claro /
Yara Liberato, Lúcia Fulgêncio. – 2. ed., 1ª reimpressão. –
São Paulo : Contexto, 2024.

ISBN 978-85-7244-351-7

1. Leitura 2. Leitura – Compreensão 3. Leitura – Dificuldades
4. Leitura – Pesquisa 5. Legibilidade I. Fulgêncio, Lúcia.
II. Título.

06-9353 CDD-418.4

Índice para catálogo sistemático:
1. Leitura funcional : Linguística aplicada 418.4

2024

EDITORA CONTEXTO
Diretor editorial: *Jaime Pinsky*

Rua Dr. José Elias, 520 – Alto da Lapa
05083-030 – São Paulo – SP
PABX: (11) 3832 5838
contato@editoracontexto.com.br
www.editoracontexto.com.br

Sumário

Introdução

Se não somos inteligíveis é porque
não somos inteligentes.
Rousseau

Em qualquer atividade profissional, e mesmo na vida cotidiana, todos precisam conhecer os caminhos da escrita – tanto para escrever de forma inteligível quanto para ler com compreensão. Ler e escrever implicam em comunicação, e para atingir esse objetivo é preciso que o texto seja compreensível. Este livro propõe estratégias de como escrever textos informativos mais claros. Mostra também o que se pode fazer para definir a legibilidade do texto, visando a interferir no processo do aprendizado da leitura, de maneira a facilitá-lo.

Tratando dos fatores que podem constituir dificuldade para a leitura de um texto, sobretudo aqueles de caráter didático, acreditamos que é possível alterar a forma linguística de um texto de modo a facilitar sua compreensão. Esperamos, com isso, contribuir para a tarefa de professores e de autores de textos informativos e didáticos. Para autores, sugerindo-lhes caminhos para a elaboração de textos mais legíveis, adequados a seu público específico. Para professores – sejam eles professores de português, ou de geografia, história, ciências, ou mesmo de matemática – sugerindo-lhes possíveis parâmetros para a avaliação de textos com que devam trabalhar, e sugerindo-lhes como prever e suprir as dificuldades que os alunos experimentam na leitura dos textos disponíveis.

No capítulo "Um modelo de descrição da leitura" é apresentada uma descrição de como se processa a leitura: por exemplo, quais os passos que permitem chegar à interpretação do texto, quais os tipos de informação que o leitor precisa utilizar para compreender, como atua a memória durante a leitura, dentre outros aspectos. No capítulo "A utilização do conhecimento prévio" examinamos como é importante o conhecimento de mundo e do assunto do texto para se poder fazer inferências, ligar as partes do texto, estabelecer nexo lógico entre as informações e compor a paisagem mental do texto. Os capítulos "Tópico" e "Elementos dados e anáfora" tratam de problemas relacionados ao discurso, isto é, questões que vão além do âmbito da sentença, atingindo a organização do texto como um todo. No capítulo "Tópico" examinamos como é importante para a compreensão a correta identificação do tópico (isto é, do assunto sobre o qual se fala), e como a paragrafação se relaciona com a estruturação dos diversos subtópicos do texto. No capítulo "Elementos dados e anáfora" examinamos em que sentido a interpretação das anáforas (como os pronomes, por exemplo) pode interferir na facilidade com que se lê um texto. No capítulo "Vocabulário" tratamos da importância do conhecimento do léxico na compreensão, e no capítulo "Estrutura interna das sentenças" tratamos de fatores sintáticos, relacionados com a estrutura interna da sentença. O último capítulo, "Efeito do gênero textual", escrito pelo professor Mário Perini, comenta a tendência de escrever e ler textos informativos como se fossem literários, confundindo os dois gêneros. Abordamos assim aspectos sintáticos, semânticos, discursivos e cognitivos envolvidos na habilidade da leitura, apontando como os textos podem ser construídos com mais clareza, de modo a privilegiar a legibilidade.

Os fatores sintáticos são talvez os menos prejudiciais se comparados com os demais, mas também comprometem a legibilidade, principalmente quando se acumulam no texto. Por outro lado, o emprego de vocabulário conhecido, claro e preciso é de fundamental importância para a compreensão do texto. Já a avaliação correta do conhecimento prévio do leitor talvez seja a maior garantia de legibilidade de um texto. Isto é, o uso adequado do conhecimento prévio do leitor pode compensar qualquer outro fator de dificuldade apresentado por traços de natureza discursiva, sintática ou lexical, dissolvendo possíveis problemas.

Como ilustração, são apresentados exemplos retirados de livros didáticos. A escolha desses livros foi feita de forma totalmente aleatória, isenta de qualquer pressuposto ou de qualquer intenção que não a de exemplificar o que se afirma com um material autêntico, preparado para ser utilizado realmente no aprendizado das disciplinas do ensino fundamental. Não pretendemos, de forma alguma, criticar qualquer autor, mesmo porque o fato de haver passagens que possam apresentar problemas, segundo nossa análise, não significa que todo o livro tenha uma legibilidade comprometida.

Optamos pela colocação das notas no rodapé da página para que a legibilidade deste livro não seja prejudicada. Dessa forma, o leitor não precisa interromper a leitura para procurar a página onde estaria a nota.

Esperamos que as observações que fazemos sobre a legibilidade dos textos possam esclarecer, em parte, o que constitui a dificuldade de um texto e assim possam contribuir para que seja facilitada a tarefa de ler. Não temos, em absoluto, a pretensão de esgotar o assunto. A leitura é, sem dúvida, um campo de pesquisa que tem ainda muito a ser explorado.

* * *

Este trabalho se iniciou com Mário Perini, um dos primeiros linguistas brasileiros a se voltar para o problema da leitura funcional. Já no final da década de 1970 apresentou um trabalho sobre leitura no Congresso da AILA, realizado em Montreal. Mais tarde publicou vários outros artigos sobre o assunto, quando o interesse pelo estudo da leitura já havia se difundido e produzido frutos.

Preocupado com a situação de alunos mais carentes que têm problemas no aprendizado da leitura, resumiu suas ideias em um texto publicado em 1988, no qual aponta uma possível saída para o problema: discutir e melhorar a qualidade do texto didático, provavelmente "o único tipo de material escrito com o qual esses alunos têm oportunidade de um convívio relativamente intenso e prolongado".

Partindo do pressuposto de que se aprende a ler lendo, afirmava que a "leitura funcional nascerá do convívio com o material escrito adequado, e somente dele". Propôs, então, que "os textos deveriam ser graduados quanto à sua dificuldade de leitura, de modo que um texto de terceira série fosse significativamente mais simples do que um de oitava série, ou de nível universitário". Mas, como ele próprio afirmou, "não é em absoluto óbvio o que constitui a dificuldade de um texto".

Este livro é o resultado da pesquisa que desenvolvemos a partir de então, na tentativa de definir a dificuldade de leitura de um texto, ou seja, sua ***legibilidade***. A versão que ora apresentamos é o resultado da fusão de dois outros livros publicados anteriormente – chamados *Como facilitar a leitura* e *A leitura na escola* – que foram revistos, reformulados e ampliados.

Registramos portanto nossos agradecimentos a Mário Perini, que, além de ter sido um dos iniciadores e o grande impulsionador da pesquisa sobre linguística aplicada à leitura, sugeriu e coordenou nossa pesquisa, além de incluir neste livro um capítulo de sua autoria. E agradecemos também a Denise Machado, que leu todo o texto e fez excelentes críticas, baseadas em sua longa experiência como professora de redação e revisora de textos.

Um modelo de descrição da leitura

A leitura de que nos ocupamos neste livro é aquela a que Perini (1988) chamou leitura funcional. Não a simples decodificação do sinal gráfico (que é aprendida nos primeiros anos de alfabetização), mas a leitura, com compreensão, de textos informativos. Nosso interesse está centrado exclusivamente na compreensão das informações veiculadas pelo texto, de forma que não serão objeto de nosso estudo outros aspectos envolvidos na atividade da leitura, como a análise crítica ou literária.

Neste primeiro capítulo procuraremos descrever alguns aspectos que constituem a leitura funcional, em que o leitor procura construir um sentido para o texto. A compreensão de textos é um processo complexo em que interagem diversos fatores como conhecimentos linguísticos, conhecimento prévio a respeito do assunto do texto, conhecimento geral a respeito do mundo, motivação e interesse na leitura, dentre outros. Conhecer como atua cada um desses fatores é imprescindível para a discussão da prática do ensino da leitura. Neste livro nos restringiremos a alguns deles, que passamos a expor a seguir.

Informação visual e informação não-visual

A leitura não é uma atividade meramente visual. O acesso à informação visual – isto é, à informação percebida, captada pelos olhos (abreviadamente **IV**) – é obviamente necessário, mas não suficiente. Como sugere Smith (1989), podemos, por exemplo, enxergar perfeitamente um texto, e ainda assim não conseguimos lê-lo por estar escrito em uma língua que não conhecemos. Esse conhecimento da língua é imprescindível e já devemos possuí-lo antes de nos empenharmos na leitura do texto. Ele faz parte do conhecimento que temos, estocado na memória, ao qual damos o nome de *conhecimento prévio* ou *informação não-visual* (abreviadamente **InãoV**).

Além do conhecimento da língua, outros tipos de InãoV são igualmente importantes na leitura. Por exemplo, o conhecimento sobre o assunto de que trata o texto. É possível que um leitor não consiga ler um texto que, embora escrito numa língua que ele domina, trate de um assunto sobre o qual ele não tem informações. Também nesse caso diríamos que lhe falta informação não-visual adequada.

Na verdade, a informação não-visual que utilizamos na leitura compreende tanto o conhecimento da língua e do assunto do texto como também todo e qualquer outro conhecimento que possuímos e que compõe a nossa teoria do mundo. Isso inclui tudo o que sabemos, desde o nome de nosso melhor amigo, ou dados culturais como o de que "nas festas juninas se dança quadrilha", até relações mais complexas que podemos perceber entre objetos e acontecimentos do mundo. Todo esse conhecimento está, de alguma forma, armazenado em nossa memória, juntamente com o conhecimento da linguagem – em uma parte que os psicólogos chamam de *memória de longo prazo* – e é utilizado no processo da leitura, permitindo dar sentido àquilo que a visão capta. Vejamos um exemplo de como a informação não-visual pode ser importante na leitura:

---

(1) A casa da Bia foi assaltada. Ela está pensando em comprar um cachorro.

Essas duas sentenças estão relacionadas por uma série de informações não expressas explicitamente, como a de que quem tem sua casa assaltada pode querer buscar mais segurança, e a de que um cachorro pode guardar casas. Essas informações devem fazer parte do conhecimento de mundo do leitor, e são utilizadas para construir a relação entre as sentenças. O leitor que compreende o texto acima imagina que o cachorro que Bia está pensando em comprar vai servir para evitar que sua casa seja assaltada novamente. Sem esse conhecimento prévio não-linguístico é impossível conectar as duas sentenças num todo coerente.

Resumidamente, podemos afirmar que a leitura é o resultado da interação entre o que o leitor já sabe e o que ele retira do texto. Em outras palavras, a leitura é o resultado da interação entre IV e InãoV.

Portanto, a atividade da leitura pode ser representada pela seguinte fórmula:

LER = IV + InãoV

Esses dois tipos de informação (IV e InãoV) mantêm entre si uma relação inversamente proporcional, isto é, quanto mais informação não-visual estiver disponível ao leitor, menos informação visual ele necessitará retirar do texto (retornaremos a esse ponto mais adiante). Smith (1989) exemplifica essa relação com o fato de romances populares serem tão mais fáceis de ler do que, por exemplo, artigos técnicos. Os romances podem ser lidos de forma relativamente rápida, com iluminação fraca, impressão de má qualidade e letras pequenas. Por outro lado, os textos técnicos demandam mais tempo e atenção, e melhor qualidade de impressão. Outro exemplo do autor: nomes de cidades conhecidas em sinais rodoviários podem ser lidos a uma distância maior do que nomes de cidades desconhecidas, em placas do mesmo tamanho. O que se passa é que utilizamos nosso conhecimento prévio (ou seja, a InãoV) para "adivinhar", para *prever* parte da informação visual contida no texto.

Previsões

Antes de examinarmos como a capacidade de estabelecer *previsões* atua na leitura, é preciso observar, primeiramente, que a capacidade de prever é empregada não somente quando nós estamos lendo, mas a todo momento, seja qual for a atividade que estejamos praticando. Na nossa vida diária usamos constantemente o conhecimento armazenado na memória, toda a nossa "teoria do mundo", para fazer previsões acerca daquilo que acreditamos ser mais provável acontecer no futuro. Baseados na nossa experiência individual e no nosso conhecimento geral do mundo, formulamos previsões com relação àquilo que esperamos que se realize.

Por exemplo, quando estamos dirigindo um carro e vamos atravessar uma rua, olhamos primeiro para os lados. Fazemos isso porque supomos que outros carros possam cruzar a rua onde estamos. Prevemos também que, se os dois carros cruzarem a rua no mesmo instante, vão bater; e se isso acontecer, que o acidente pode danificar os carros e machucar pessoas; que, se os carros estragarem, terão de ir para uma oficina; e assim por diante. Então, se olhamos para os lados antes de atravessar um cruzamento, estamos agindo em resposta às previsões que formulamos para essa situação.

Nem sempre nossas previsões são conscientes, mas elas são certamente bastante precisas. Tanto é que, se uma previsão falha, ficamos surpresos. Por exemplo, no nosso caso anterior, vimos que podemos supor que outros carros venham a atravessar a rua; no entanto, se no lugar de um carro virmos um elefante ou um disco voador, ficaremos surpresos, porque isso não corresponde às nossas previsões (isto é, àquilo que esperamos que aconteça).

Esse tipo de habilidade de estabelecer previsões (ou de prever o que provavelmente acontecerá) aplica-se também à leitura: o leitor está constantemente fazendo previsões sobre o que é provável que apareça num determinado texto. Vejamos agora alguns exemplos de como funciona a *previsão* na leitura.

O leitor pode fazer previsões com base no seu conhecimento sobre as combinações de letras possíveis numa língua. Por exemplo, existe um produto cuja marca é N ᛉ TURAL. Provavelmente todos lemos aí a palavra *natural*, apesar de a letra A não estar representada por seu símbolo convencional, e sim pelo desenho ᛉ. Chegamos a essa interpretação com base em nosso conhecimento a respeito de que tipo de letra seria possível nesse contexto (entre a letra N, em início de palavra, e a letra T): em português, poderíamos ter aí somente uma vogal, nunca uma consoante. Baseados também no nosso conhecimento léxico, que inclui a palavra *natural* como um item já existente na língua, chegamos então à identificação do nome do produto.

Um outro exemplo, apresentado por Perini, Fulgêncio & Rehfeld (1984), é o seguinte: imaginemos a situação de termos de ler um manuscrito de uma pessoa que escreve as letras U e N da mesma forma e encontramos a sequência mostrada na seguinte figura:

Jnliana senton na rna.

Apesar de termos seis vezes a repetição da forma gráfica *n*, ela será lida três vezes como N e três vezes como U: a interpretação será "Juliana sentou na rua", e não "Jnliaua seuton ua rna", ou qualquer outra coisa parecida. Na verdade, o leitor acredita ver N em *na* e U em *rna*. Isso se deve à previsão que fazemos baseados na probabilidade de ocorrência de letras naquele contexto e na existência de um item léxico com aquela composição.

Esse é, de fato, um dos principais problemas que dificultam a tarefa de revisão de textos. Conduzido pelas previsões, o leitor não vê letra por letra de cada palavra nem mesmo todas as palavras do texto. Nas situações em que é possível prever a ocorrência de determinada letra ou palavra, o leitor simplesmente passa por cima da forma visual, completando com suas previsões a informação presente naquele trecho. Por isso, muitas vezes o revisor nem mesmo percebe alguma incorreção na escrita e deixa passar erros de imprensa.

Temos então, na compreensão de um texto, uma espécie de colaboração ou de interação entre a informação visual e o nosso conhecimento anterior.

Esse processo de compreensão é explicado pela formulação de estratégias. O leitor está equipado com uma série de técnicas heurísticas (ou estratégias perceptuais) que lhe permitem recuperar o sentido do texto através de pistas fornecidas pela informação visual. Essas estratégias são de vários tipos: ortográficas, morfossintáticas, semântico-pragmáticas e discursivas. Um exemplo de estratégia ortográfica pode ser formulado aproximadamente da seguinte maneira:

a. se encontrar a letra J no início de uma palavra (ou sílaba), considere que a letra seguinte só pode ser uma vogal.

É isso que nos faz ler "Juliana" na sequência escrita *Jnliana*, em vez de "Jnliana", apesar de a letra U estar grafada de forma idêntica à letra N.

Da mesma forma como atuam as previsões de nível ortográfico, atuam também as previsões relacionadas à morfossintaxe: o leitor tem interiorizadas as regras morfossintáticas da língua e pode prever as sequências de palavras ou sintagmas possíveis na formação de sentenças. Por exemplo, se encontra uma sequência do tipo

Maria é...

espera que depois venha um adjetivo (como em *Maria é simpática*) ou um sintagma nominal (como em *Maria é uma fera*). Outras estratégias morfossintáticas lhe permitem prever outras sequências, como por exemplo:

b. se encontrar uma conjunção, marque o início de uma oração.

Existem também estratégias semântico-pragmáticas: são aquelas baseadas em conhecimento prévio relacionado com o significado das expressões, com o assunto tratado no texto e com as condições conhecidas do mundo exterior. Essas estratégias são muito úteis para ajudar o leitor na interpretação de certos segmentos linguísticos. Por exemplo, num texto sobre culinária, podemos esperar que sejam indicados nomes de alimentos e não de venenos ou de dinossauros. Então, se estamos lendo uma receita e encontramos a indicação

(2) Acrescente um pouco de endívia

mesmo sem saber exatamente do que se trata, e sem conhecer a palavra *endívia*, podemos prever que se trata de um alimento.

O leitor emprega também estratégias discursivas que lhe permitem fazer previsões a respeito de certos aspectos da organização do texto como um todo. Diante de um texto de propaganda, de um editorial de jornal, de um romance policial, de um conto de fadas ou de um memorando, o leitor faz previsões diferentes quanto à forma de cada texto e quanto ao estilo de cada um, com base no que ele sabe a respeito da organização de cada gênero discursivo. Portanto, o conhecimento prévio a respeito dos gêneros textuais também contribui para a previsibilidade do que se espera que apareça no texto, tanto com relação à sua forma quanto com relação ao conteúdo.

Não vamos nos estender mais aqui sobre esse ponto. O que pretendemos com esses exemplos foi mostrar como o leitor eficiente utiliza seu conhecimento prévio, linguístico e não-linguístico, para fazer previsões durante a leitura.

Vimos que o leitor eficiente não se concentra exclusivamente no material visual para obter informação. Ele pode formular previsões acerca do que supõe que venha a aparecer no texto e, dessa forma, pode compreender o texto muito mais rapidamente, saltando algumas partes altamente previsíveis, completando a informação aí contida com as previsões formuladas. Mas se o leitor não dispõe de informação não-visual adequada, muito pouco do texto pode ser previsto e, nesse caso, o leitor precisa buscar muito mais informação no material escrito.

O processamento que se baseia principalmente na informação visual é chamado *ascendente*, ou *bottom-up*; e o que utiliza basicamente informação não-visual é chamado *descendente*, ou *top-down*. Os dois processos se alternam e atuam ao mesmo tempo na atividade da leitura. Podemos então dizer que a leitura eficiente é resultado da interação de ambos os tipos de processamento. Kato (1985) identifica três tipos de leitor, com base nesses dois processamentos:

> Teríamos o tipo que privilegia o processamento descendente, utilizando muito pouco o ascendente. É o leitor que apreende facilmente as ideias gerais e principais do texto, é fluente e veloz, mas por outro lado faz excessos de adivinhações, sem procurar confirmá-las com os dados do texto, através de uma leitura ascendente. [...] O segundo tipo de leitor é aquele que se utiliza basicamente do processo ascendente [...], que apreende detalhes detectando até erros de ortografia, mas que, ao contrário do primeiro, não tira conclusões apressadas. É, porém, vagaroso e pouco fluente e tem dificuldade de sintetizar as ideias do texto por não saber distinguir o que é mais importante do que é meramente ilustrativo ou redundante. O terceiro tipo de leitor, o leitor maduro, é aquele que usa, de forma adequada e no momento apropriado, os dois processos complementarmente. (p. 40-41)

Podemos então dizer que a leitura fluente é feita através de um processamento *parcial* do material visual, sendo completada pelas previsões. Como veremos mais adiante, o que é previsível muitas vezes nem é processado visualmente: o leitor simplesmente salta aquele trecho, completando a informação aí contida com o que ele prevê que deve aparecer naquele trecho.

Resumindo o que vimos até aqui, chegamos à conclusão de que a informação visual e a informação não-visual mantêm uma relação inversamente proporcional na leitura: quanto mais InãoV o leitor tiver disponível sobre um determinado texto, menor quantidade de IV ele necessitará para compreendê-lo; e o inverso também é verdadeiro: quanto menos InãoV o leitor possuir, mais ele precisará se valer de cada detalhe do material impresso. E mais ainda: quanto mais IV o leitor necessitar, mais difícil e trabalhoso será ler o texto. E se a InãoV é muito escassa (como, por exemplo, quando lemos um artigo técnico de nível avançado que pressupõe noções que não possuímos), a compreensão pode se tornar impossível, porque o leitor fica excessivamente dependente da IV e demora demais na decodificação dos símbolos gráficos e na procura do significado de cada item. Isso dificulta a montagem das informações do texto. Essa dependência exagerada da informação visual pode dificultar a leitura e até mesmo torná-la impossível, pela simples razão de que *a quantidade de IV de que podemos dispor a cada momento é limitada*. Smith (1989) explica essa limitação mostrando três aspectos do funcionamento do sistema visual:

1. o cérebro não vê exatamente o que é percebido pelos olhos;
2. ver toma tempo;
3. ver é algo episódico.

Ainda segundo Smith, essas limitações têm três implicações para a leitura: a leitura deve ser rápida, deve ser seletiva e depende daquilo que o leitor já sabe. Vejamos, de maneira bem resumida, cada um dos três pontos citados.

Aspectos do funcionamento do sistema visual

O cérebro não vê o que os olhos percebem

O estímulo visual não vai diretamente do olho ao cérebro. As fibras nervosas que ligam o olho ao cérebro têm pontos de interconexão onde ocorre uma análise complexa e uma transformação de sinais. Ao chegar ao cérebro, o sinal percebido é reprocessado, de tal maneira que, por exemplo, ao observarmos um prato redondo sobre uma mesa, nós o "vemos" como uma forma circular, embora do ângulo pelo qual observamos, o olho esteja captando uma imagem com certeza oval. Da mesma forma, ao observarmos um quadro na parede, se não estamos exatamente de frente para ele, a imagem que sensibiliza nossos olhos é um trapézio; apesar disso, nós o "vemos" como uma forma quadrada ou retangular. Podemos dizer, então, que os olhos captam informação visual, mas é o cérebro que "vê".

Ver toma tempo

As pesquisas mostraram que o tempo durante o qual o olho deve ficar exposto a uma informação visual, para percebê-la, é muito pequeno: cerca de 50 milésimos de segundo; mas que o cérebro leva mais tempo para processar essa informação: cerca de 1/4 de segundo (ou 250 milissegundos). O cérebro requer tempo para tomar suas decisões e interpretar o que é que foi visto.

Portanto, na hipótese de que durante a leitura o cérebro tivesse de "ver" todas as palavras e todos os símbolos impressos, ele seria capaz de processar, *no máximo*, 4 palavras por segundo ou 240 palavras por minuto (isso se tomarmos a palavra – e não cada letra, por exemplo – como a unidade perceptual). Mas o que acontece é que leitores eficientes conseguem ler mais do que 240 palavras por minuto, isto é, conseguem interpretar uma quantidade maior de material do que a capacidade máxima de interpretação a partir da visão. Esses dois fatos parecem contraditórios, mas é possível explicar esse aparente paradoxo se aceitamos que, para ler, o cérebro não precisa ver tudo o que está impresso no papel: ele pode prever parte da informação e saltar aqueles trechos que podem ser completados sem a necessidade de intermediação da visão.

Sabemos, além disso, que o tempo gasto pelo cérebro na interpretação de um estímulo é diretamente proporcional ao número de alternativas entre as quais o cérebro deve decidir. Um exemplo de como isso funciona é fornecido por experiências em que se pede a uma pessoa para dizer o que viu numa projeção rápida de uma imagem qualquer. O tempo gasto para a resposta vai variar dependendo do que ela esperava ver. Se projetamos a letra A e nada lhe dizemos, o tempo que a pessoa gastará para identificar a imagem como sendo a letra A será maior do que se lhe for dito antecipadamente que o símbolo projetado é uma letra. Será menor ainda se lhe dissermos que a letra ocorre na primeira metade do alfabeto, e ainda menor se a informação for de que se trata de uma vogal.

Na leitura, é imprescindível que o cérebro possa fazer uso da informação não-visual a fim de reduzir o número de alternativas. A informação visual permanece disponível ao cérebro por pouco tempo, após ter sido captada pelo olho. Uma vez que o cérebro tenha feito uma primeira identificação da informação visual, ela é jogada em um estágio da memória chamado *memória de curto prazo* (MCP),[1] onde permanece na sua forma literal até que seja construído um significado para ela. A MCP tem uma capacidade reduzida, de cerca de cinco a nove unidades. Essas unidades são mantidas na MCP na sua forma literal somente até o significado ser computado; uma vez montado o significado, ele é enviado para a *memória de longo prazo* (MLP), que é uma memória duradoura, e a forma literal é esquecida. Nessa passagem da memória de curto prazo para a memória de longo prazo, a informação é recodificada: o conteúdo literal é perdido e somente o conteúdo semântico (isto é, o significado) é memorizado.

Também o tempo de permanência dos itens na memória de curto prazo é limitado: seu conteúdo é apagado pela entrada de novos itens. E mesmo que não entre informação nova, o conteúdo da MCP é apagado após um curto espaço de tempo. É por isso que, quando alguém nos informa um número de telefone que não conhecíamos antes, ficamos repetindo o número na cabeça até que possamos discá-lo ou anotá-lo. Se não repetimos o número, fazendo com que ele torne a dar entrada na MCP, nós o esquecemos rapidamente.

---

[1] Na primeira versão deste livro, os dois tipos de memória foram chamados de "*memória de curto termo*" e "*memória de longo termo*", mas a praxe na literatura linguística acabou consagrando os termos "*memória de curto prazo*" e "*memória de longo prazo*", respectivamente, que adotaremos de agora em diante.

E é por isso também (isto é, pelo fato de o material contido na MCP ser perdido tão rapidamente e pelo fato de a MCP ter um conteúdo tão limitado) que, quando uma pessoa tenta ler muito vagarosamente, não consegue compreender e integrar as informações do texto: se a leitura é lenta, o material percebido sai da MCP e é esquecido antes mesmo que o cérebro consiga organizá-lo em unidades de significado, e possa enviar o conteúdo semântico para a memória de longo prazo.

Para perceber melhor como isso funciona, e como é breve o tempo de permanência de uma informação na MCP, basta tentar lembrar a forma *exata* da sentença que você acabou de ler. É possível que você recupere o significado, presente na sua memória de longo prazo – e é o que esperamos, se você está dando sentido ao que está lendo – mas a forma literal da sentença (que seria lembrada se ainda estivesse presente na MCP) dificilmente será recuperada. Ela se perdeu, saiu da MCP tão logo o significado foi processado.

A cada final de sentença o leitor processa a interpretação daquele trecho e passa a informação percebida para a memória de longo prazo. Por isso a última palavra de cada frase é fixada mais demoradamente do que as outras palavras. Isso acontece porque nesse momento o leitor está fechando o sentido da sentença, e por isso pára naquele ponto. Segundo Perfetti (1985), esse momento requer um processamento extra para agrupar as partes da sentença, integrar os trechos que tinham sido mal compreendidos e integrar as informações num todo coerente – o que leva tempo.

O fatiamento na leitura

Dissemos anteriormente que a capacidade da MCP varia em torno de sete unidades; a cada uma dessas unidades armazenadas na MCP chamamos *fatia*. Miller (1956) foi o primeiro a usar o termo "fatia" (*chunk*), quando estabeleceu que a capacidade da MCP poderia ser traduzida em "7, mais ou menos 2 fatias".

Observe que somos capazes de repetir sete letras aleatórias (com uma pequena margem de mais ou menos dois itens), como por exemplo:

Mas se agrupamos essas letras numa palavra, como

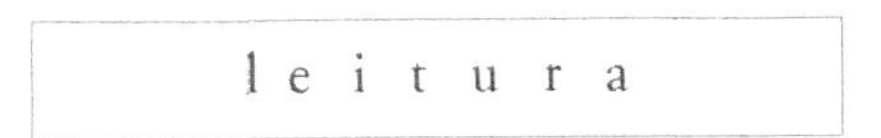

a memorização fica muito mais fácil, e podemos repetir uma sequência de bem mais de sete letras, como na palavra "legibilidade". Isso acontece porque as letras, agrupadas em palavras, passam a compor uma unidade, uma vez que formam um *elemento significativo*. Com isso, passam a constituir *um único* item presente na MCP, isto é, uma única fatia.

O mesmo processo que vimos no fatiamento de letras acontece com as palavras: podemos repetir (na mesma ordem) uma sequência de sete palavras aleatórias:

no encontrou irmão meu Shopping amigo o

E se, novamente, agrupamos essas palavras em unidades significativas maiores, todo o processo se repete: podemos reter mais facilmente essas palavras, porque cada grupo formado é que constituirá uma fatia de informação contida na MCP.

Meu irmão encontrou o amigo no Shopping.

Agrupando as palavras em unidades maiores, podemos guardar literalmente uma frase de bem mais de sete palavras. Por exemplo:

(3) Semana que vem vou devolver o livro que peguei emprestado na biblioteca.

Quando fatiamos a sentença podemos fazer recortes em lugares diferentes, formando fatias maiores ou menores. Um exemplo do fatiamento de (3) poderia ser o seguinte:

(3') Semana que vem | vou devolver | o livro | que peguei emprestado | na biblioteca. |

Teríamos, nesse caso, cinco fatias. Mas poderíamos fatiar diferentemente, formando fatias menores (de até uma única palavra) ou maiores. Poderíamos, por exemplo, formar uma única fatia para o grupo

| vou devolver o livro |

Mas observe que não é qualquer reunião de palavras que pode constituir uma fatia: | *o livro* | pode ser uma fatia, mas "*devolver o*" não. Isso porque *o livro* compõe uma unidade, um constituinte na língua (ao contrário de "*devolver o*", que qualquer um sente que "não gruda bem").

As fatias contidas na MCP – sejam elas compostas de números, letras ou de qualquer outro tipo de informação – correspondem sempre a algum tipo de material já presente como uma unidade na memória de longo prazo. Assim, por exemplo, "Independência ou Morte" pode ser uma fatia porque essa expressão está guardada como um todo único, dessa mesma forma, na nossa memória.

Já no caso do recorte de fatias linguísticas que não constituem expressões prontas, já decoradas, o trabalho do leitor será mais complicado do que a simples busca na memória de longo prazo de um material aí presente de forma literal. Isso acontece porque as fatias que identificamos numa sentença como

(3') Semana que vem | vou devolver | o livro | que peguei emprestado | na biblioteca. |

não se encontram presentes, dessa mesma forma, na MLP. O fato é que estamos constantemente interpretando (e fatiando) sentenças novas, que nunca vimos antes, e por isso essas fatias não podem estar armazenadas literalmente na memória. Por outro lado, sabemos que essas mesmas sentenças são construídas de acordo com regras da língua que estão – essas sim – presentes na memória permanente do falante. É com base nessas regras da língua que o leitor poderá fatiar as sentenças, procedendo a um duplo trabalho: terá de buscar na memória as regras da língua que lhe permitem montar fatias novas, e comparar o material percebido com essas estruturas linguísticas presentes na MLP. Em outras palavras, o leitor terá de *construir as fatias*, encaixando o que ele captou dentro de esqueletos sintáticos buscados na MLP, de forma a agrupar as palavras em constituintes. É por isso que "*devolver o*" não pode constituir uma fatia, isto é, porque não corresponde a nenhum tipo de unidade possível presente na MLP.

Então podemos dizer que o processo de fatiamento de sentenças novas (isto é, sentenças que não são frases feitas ou que não foram decoradas) não envolve apenas a busca de material já pronto na MLP, mas faz uso de informação aí presente para proceder ao recorte das fatias linguísticas.[2]

Embora não possamos aumentar o *número* de fatias retidas na memória de curto prazo – já que a capacidade da memória mantém-se sempre constante –, podemos aumentar o *tamanho* da fatia. Quanto maior a fatia, isto é, quanto mais elementos puderem ser agrupados em unidades significativas, maior será a quantidade de material que a memória de curto prazo poderá guardar.

Vimos então que o material que entra na MCP tem de ser organizado em fatias. E para que isso aconteça é preciso que o cérebro veja sentido na informação que entra na MCP, isto é, é preciso que o cérebro identifique unidades significativas nessa informação. E quanto maiores essas unidades, mais rápida e eficiente será a leitura.

Ver é algo episódico

Quando lemos, nossos olhos se movimentam. Esse movimento ocular executado na leitura não é linear e contínuo, como se o olho estivesse "escorregando" pelo

---

[2] Para mais detalhes sobre esse processo de fatiamento linguístico, veja-se Perini, Fulgêncio e Rehfeld, 1984, p. 45-84 e Frank Smith, 1989, especialmente os capítulos 3-5.

papel. Ao contrário, é um movimento que poderia ser descrito como um salto rápido e irregular, um pulo de uma posição para outra. Esse pulo é chamado *sacada* e pode ser facilmente observado se olharmos para o olho de uma pessoa enquanto ela lê.

Esse movimento se faz em todas as direções: para frente, para trás, para cima ou para baixo da linha do texto. A cada vez que o olho realiza uma pausa entre um salto e outro, diz-se que ocorre uma *fixação* – e é durante as fixações, isto é, quando o olho está relativamente imóvel, que a informação é coletada.

A única finalidade de uma sacada, seja em que direção for, é movimentar o olho a fim de coletar mais informação. A velocidade com que os olhos se movem de uma fixação para outra é estabelecida pelo tempo necessário para que o cérebro extraia um sentido de cada nova entrada de informação. O tempo gasto em cada fixação é condicionado pela compreensão, e não vice-versa. Isso significa que a compreensão não pode ser melhorada com o simples aumento na velocidade das fixações. Não se pode acelerar a leitura apressando os olhos, isto é, fazendo um maior número de fixações num mesmo período de tempo. Isso teria como consequência uma confusão adicional para o cérebro, em vez de acelerar suas decisões. Não haveria tempo para o cérebro decidir sobre uma porção de informação antes que ela fosse apagada por uma nova entrada, o que obviamente prejudicaria a compreensão em vez de melhorá-la.

Vamos explicar melhor: como vimos, a memória de curto prazo opera tomando como unidades as fatias, que são elementos significativos. Para montar as fatias, é preciso que o cérebro veja sentido no material percebido; não basta captar muito material, se o cérebro não vê relação entre as suas partes, e portanto não pode agrupar os sinais visuais em fatias de significado. Além disso, para que a leitura possa prosseguir, é necessário que entre sempre mais material na MCP. Para isso, é preciso "limpar" a MCP continuamente, porque a capacidade de retenção da MCP é limitada e se esgota em pouco tempo. Por isso, o material guardado de forma literal na MCP deve ser interpretado tão rapidamente quanto possível, para que o significado montado possa ser enviado para a memória de longo prazo, e aí então possa entrar mais material na MCP. Quando o significado é passado para a memória de longo prazo, as fatias saem da MCP; a MCP é então esvaziada, permitindo a entrada de mais material.

O segredo da leitura fluente é trabalhar paralelamente e eficientemente com a IV e a InãoV, de forma a montar as fatias linguísticas e compor o significado de forma rápida, enviando imediatamente para a memória de longo prazo a informação captada. Ao montar o significado e mandar essa informação para a MLP, mais material pode ser captado e todo o processo se repete.

Assim, não existe uma taxa de leitura melhor: ela depende da dificuldade da passagem que está sendo lida, ou melhor, das habilidades do leitor para interpretar aquela passagem. Se a leitura é muito lenta e o leitor dá muita atenção a detalhes, não conseguindo processar mais do que poucas letras, palavras ou conceitos individuais, o significado global do texto pode se perder definitivamente. A leitura deve ser, portanto, relativamente rápida, mas não indiscriminada. O cérebro deve operar seletivamente, fazendo um uso máximo daquilo que já sabe, e analisar o mínimo de informação visual necessária para a verificação ou modificação do que pode ser previsto no texto. Assim, cada fixação abrange uma grande quantidade de informação visual, mas o cérebro só se detém no processamento de parte dela: a parte que não pode ser prevista ou que é necessária à verificação das previsões feitas. Portanto, fazer uma leitura eficiente é fazê-la rápida e seletivamente.

A probabilidade de acerto na previsão se relaciona inversamente com o número de alternativas com que o cérebro deve lidar, isto é, quanto menor for o número de alternativas, maiores serão as possibilidades de a previsão se confirmar. Isso pode ser verificado a partir do exemplo que se segue. Imagine uma pessoa esperando um ônibus em um ponto por onde ela sabe que só circulam os de número 2003, 3002 e 3040. Ao avistar ao longe o letreiro de um ônibus onde consegue ler 20..., essa pessoa não precisa ler o restante do número. Ele poderá ser imediatamente previsto, uma vez que não há, entre as alternativas possíveis, outro ônibus cujo número comece com 2. Assim, a informação captada é imediatamente associada à unidade maior 2003, armazenada na memória de longo prazo da pessoa. Se, ao contrário, o algarismo inicial identificado é 3, a pessoa deverá ainda decidir entre duas alternativas, e para isso deverá buscar mais informação no letreiro do ônibus verificando os últimos algarismos (ou, pelo menos, o penúltimo).

A InãoV deve, então, ser utilizada para reduzir o número de alternativas enquanto lemos. Se sabemos que um determinante (como *o*, *esse*, *aquele*) inicia um sintagma nominal, as alternativas sobre a palavra que o segue são reduzidas. Se encontramos a palavra desconhecida *endívia* numa receita culinária, as possibilidades sobre seu significado são reduzidas. A seletividade para a coleta e análise da informação visual depende, assim, do uso de estratégias eficientes de utilização da InãoV.

Mas o leitor usa a InãoV não somente para fazer previsões, como também para *inferir*, ou seja, para deduzir certas informações não explícitas, que são importantes para que ele possa conectar as partes do texto e chegar, enfim, a uma compreensão coerente e global do material lido. Veremos, a seguir, alguns exemplos de como o leitor estabelece e utiliza *inferências* na leitura.

Inferências

Geralmente pensamos (incorretamente) que, quando lemos, vamos juntando uma palavra com a outra e com isso captamos a informação. Mas não é bem assim. A obtenção de informação não se faz exclusivamente pela compreensão das palavras presentes no texto. O significado não é computado somente através dos elementos explícitos, e a informação literal não exprime tudo o que o autor tem a intenção de comunicar. O significado global não é simplesmente uma soma do significado individual de cada palavra, mas vai além disso: para entender um texto, o leitor precisa também construir a lógica que relaciona as informações apresentadas, elaborando as pontes de sentido que ligam as várias informações. O leitor precisa conectar as partes para dar coerência ao conjunto.

Vamos retomar o exemplo 1:

(1) A casa da Bia foi assaltada. Ela está pensando em comprar um cachorro.

Como vimos, a conexão lógica entre as duas sentenças do exemplo 1 não é apresentada explicitamente. Essa relação tem de ser construída pelo próprio leitor com base no seu conhecimento do mundo, isto é, com base na sua InãoV. Ou seja: o texto 1 não diz nada a respeito de qual é a relação entre o cachorro e o assalto, mas o leitor **constrói** sozinho essa relação, a partir de uma série de conexões lógicas que ele próprio elabora, pensando mais ou menos do seguinte modo:

a) quem tem uma casa assaltada fica temeroso de que tal fato se repita;
b) alguns tipos de cachorro têm a fama de tomar conta do seu território;
c) se um cachorro defende a moradia e se Bia quer ter sua moradia defendida, então Bia vai comprar o cachorro **para** defender a sua casa.

É a operação descrita no item "c" que confere lógica ao texto e liga as duas sentenças. É essa a relação entre o cachorro e o assalto que faz do exemplo 1 um texto, e não duas sentenças isoladas e desconexas.

Essa relação entre as sentenças não está visualmente presente, mas foi acrescentada ao texto pelo próprio leitor. Quem entendeu o exemplo 1 necessariamente construiu a relação lógica que ligou as duas sentenças, recuperando da memória as informações que permitiram conectar os fatos. Isso quer dizer que o leitor acrescentou dados ao texto, ao elaborar uma ponte de sentido que não estava explícita. É esse processo de dedução de informações não explícitas, de acréscimo de dados ao texto e de construção de pontes de sentido que tem o nome de *inferência*.

Vê-se então que o autor não explicita todas as informações, e que o leitor também é responsável pela construção do sentido. Cabe ao leitor inferir as relações implícitas e elaborar o significado, montando o quebra-cabeças do texto com as peças de informação que lhe são transmitidas explicitamente.

Para isso ele precisa ter na sua memória os dados que o autor não explicitou. Por exemplo, se alguém não sabe que um cachorro pode servir para proteger uma casa, certamente não vai entender o texto. Sem o conhecimento prévio, fica impossível montar a lógica que liga as informações.

O conhecimento prévio sobre o assunto do texto, que permite a elaboração de previsões e inferências, é provavelmente o aspecto mais importante de todos no tratamento da legibilidade. Para que um texto seja legível é indispensável que o leitor tenha conhecimentos prévios que lhe forneçam os instrumentos para a construção das relações lógicas e das pontes de sentido. Sem o domínio desse tipo de informação não-visual, a leitura é praticamente impossível, ou pelo menos muito mais difícil. Dada a importância para a legibilidade, trataremos mais a fundo desse assunto no próximo capítulo.

Resumindo as observações feitas até aqui, podemos dizer que não é possível ler um texto valendo-se apenas de IV, isto é, dos sinais gráficos; a leitura é o resultado da interação entre a IV, fornecida pelo texto, e a InãoV, que é o conhecimento prévio armazenado na memória do leitor. O leitor eficiente utiliza esse conhecimento prévio para fazer uma leitura rápida e seletiva através da *previsão* de parte do material do texto. Além disso, a InãoV é também utilizada pelo leitor para completar as informações implícitas e elaborar *inferências*, que contribuem na construção do sentido do texto.

O estabelecimento de inferências, bem como a formulação de previsões, são processos que fazem parte da linguagem em geral, e portanto estão presentes tanto na compreensão da fala quanto da escrita.

Para compreender, não basta saber a língua; para ler, não basta ver e decodificar aquilo que está impresso no papel. É necessário, igualmente, fazer uso da informação não-visual, tanto para adiantar e antecipar as informações que são previsíveis quanto para inferir dados, deduzindo as informações não explícitas. Essas informações inferidas são necessárias para ligar trechos, construindo a coesão do texto, e também para elaborar a lógica e a coerência do discurso.

Em outras palavras, a leitura pressupõe pelo menos dois processos que dependem de conhecimento prévio, isto é, de informação não-visual: de um lado, a *previsão*, que acelera e portanto facilita a leitura; de outro, a *inferência*, que completa e possibilita a conexão e a compreensão do material expresso no texto. Então, se um leitor tem informação não-visual insuficiente, é de se esperar que tenha dificuldades na leitura:

- se ele não pode prever e tem de prestar atenção a todo o material visual, lendo "palavra por palavra", a velocidade de leitura pode cair a ponto de tornar impossível a compreensão global do texto;
- se ele não pode fazer inferências, também dificilmente compreenderá o que lê, uma vez que é impossível mencionar explicitamente toda a informação necessária à compreensão de um texto.

Implicações para o aprendizado da leitura

A partir do que vimos na seção anterior, podemos dizer que uma das razões pelas quais o aprendizado da leitura pode ser tão difícil para as crianças é que às vezes elas têm pouca informação não-visual relevante. Assim, uma maneira de facilitar o aprendizado da leitura seria fornecer ao aluno textos cuja leitura não dependesse de InãoV que ele não possui. Isso inclui todo tipo de conhecimento prévio, linguístico e não-linguístico.

Os pesquisadores concordam, em geral, que é lendo que se aprende a ler. Kleiman (1989a), por exemplo, diz que "o caminho para chegar a ser um bom leitor consiste em ler muito" (p. 8). Smith (1989) afirma à página 103: "como muitos outros aspectos da leitura fluente, a seletividade para coleta e análise de amostragens da informação visual disponível no texto vem com a experiência da leitura".

Se o aprendizado da leitura é adquirido através da prática, seria útil que as dificuldades fossem introduzidas paulatinamente. Isso implica, principalmente, não exigir conhecimentos prévios que o leitor não possui. Mas alguns materiais iniciais de leitura podem não estar favorecendo a utilização do já escasso conhecimento prévio de que dispõe a criança: não apenas o conhecimento de mundo, que certamente é menor que o de um adulto, mas o próprio conhecimento sobre como ler.

Se, como vimos, ler depende da utilização de estratégias eficientes, e se existem estratégias de compreensão que são específicas do texto escrito, então é de se esperar que a criança que está aprendendo a ler não domine perfeitamente essas estratégias. Seu conhecimento linguístico prévio deve abranger apenas as estratégias adequadas ao estilo oral. Assim, as estratégias adequadas à leitura devem ser gradativamente adquiridas pela criança, e sugerimos que esse aprendizado deva aproveitar ao máximo o conhecimento prévio que a criança possui. E aqui entram questões fundamentais: é possível ensinar a ler? É possível ensinar e treinar o uso de estratégias? Se sim, como? Todo tipo de estratégia é ensinável?

É essa proposta que procuraremos desenvolver neste livro. Discutiremos algumas características do texto didático que parecem apresentar dificuldade para o aprendiz, porque exigem dele habilidades (estratégias) e conhecimentos que ele não possui. Argumentaremos que essas características podem ser evitadas nos textos apresentados aos leitores iniciantes, com o objetivo de facilitar o aprendizado da leitura. Não se trata de lhes negar o acesso a textos mais difíceis. Naturalmente o bom leitor deve ser capaz de ler textos de estrutura mais complexa. Mas propomos que essa complexidade, ou dificuldade, seja *graduada*, incrementada passo a passo, e que os textos *não apresentem, num mesmo trecho, diversos pontos de dificuldade* – o que poderia tornar a leitura um desafio árduo, por vezes insuperável.

Acreditamos que, se as complexidades que um texto pode apresentar forem dosadas e apresentadas ao leitor iniciante de forma gradativa, a criança será capaz de vencer a tarefa de aprendizagem da leitura com mais tranquilidade, porque será capaz de compreender o que lê e poderá crescer aos poucos. Construindo ou selecionando textos segundo esse critério, acreditamos que o aluno poderá adquirir as estratégias de maneira eficaz e sem os traumas que costumam surgir com o fracasso diante de tarefas impossíveis. Poderá até mesmo gostar de ler!

A utilização do conhecimento prévio

A elaboração de inferências

Às vezes um texto está adequadamente estruturado do ponto de vista formal – isto é, está bem composto com relação ao aspecto sintático, semântico, discursivo, ortográfico –, mas ainda assim pode ser pouco legível; quer dizer, o texto, ainda assim, pode ser considerado incompreensível por alguns leitores. Isso pode parecer estranho à primeira vista: como um texto formalmente bem organizado pode ser de difícil compreensão?

Para esclarecer esse ponto vale lembrar o que vimos no capítulo anterior: a interpretação do que é lido não se processa exclusivamente com base no material presente no texto. Quando lemos, não estamos jogando unicamente com aquilo que é expresso de modo explícito, mas também com um mundo de informação implícita, não expressa claramente no texto, mas totalmente imprescindível para se poder compor o significado.

O leitor deve acrescentar conhecimentos extras àquilo que vem dito literalmente. Essas informações fornecidas pelo leitor, que servem para criar lógica no texto, são essenciais para a compreensão daquilo que o autor quer comunicar. Como vimos no primeiro capítulo, é esse processo de elaboração ativa de conhecimentos, a partir de relações que estabelecemos entre o que é dito e o que conhecemos anteriormente, que é chamado de *inferência*.

Vamos ver um exemplo. Eu posso escrever para um amigo e dizer somente o seguinte:

(1) O Zé passou.

Esse amigo vai compreender a mensagem porque ele sabe *completar* o que eu não disse, ou seja, ele sabe se o Zé passou no vestibular ou no exame para motorista, por exemplo. Já para outra pessoa que não conhece bem o Zé e não sabe que tipo de exame ele fez, a mesma informação teria de ser transmitida de forma diferente, talvez explicitando melhor os detalhes. Nós moldamos a forma da mensagem dependendo daquilo que sabemos que o nosso interlocutor pode deduzir e completar. Esse é um dado importante, porque indica que, quando escrevemos, precisamos moldar o texto de acordo com o possível leitor, tendo em vista o tipo de conhecimento prévio que ele possui, e a sua capacidade de completar o que não está expresso claramente no texto.

Um outro exemplo de como fazemos inferências é apresentado pelo seguinte par de sentenças:

(2) Rosália está plantando a flor no jardim.
(3) Rosália está plantando a flor no vaso.

Em (2), compreende-se que a Rosália está no jardim (junto com a flor), mas na frase (3) infere-se que somente a flor está no vaso, mas a Rosália não. Isso parece evidente, mas quem formulou esse dado foi o leitor, porque essa diferença não está escrita na frase. Em princípio poderia haver ambiguidade, mas qualquer dúvida é desfeita por causa do nosso conhecimento de como as coisas funcionam no mundo, bem como das dimensões de um vaso e de um jardim. Vê-se então que a utilização do conhecimento prévio e a formulação de inferências são operações corriqueiras, que fazemos a todo momento, sem nem mesmo perceber.

O que acontece é que nem tudo é dito explicitamente; nem tudo é colocado às claras – e nem é preciso, porque sabemos deduzir e completar o que não está no texto. O significado de uma mensagem não é computado só a partir dos elementos que estão explícitos. Na verdade, o leitor tem de completar uma parte da informação que não está visível, e para isso usa os conhecimentos que ele já tinha para dar coerência ao texto.

Vejamos como se dá o estabelecimento de inferências, através de alguns exemplos apresentados por Castelfranchi e Parisi (1980):

(4) Hoje Pedrinho veio buscar o avô. O velhinho caminhava apoiando-se numa bengala.

Para compreender esse texto, o leitor tem, entre outras coisas, de compreender quem é que *caminhava apoiando-se numa bengala*, ou seja, quem é o *velhinho*. Em outras palavras: para integrar as duas sentenças, o leitor tem de relacionar o "velhinho" a um dos dois indivíduos mencionados: a Pedrinho ou ao avô. Mas a qual deles? O texto não esclarece esse ponto, mas seguramente todo mundo liga o "velhinho" ao "avô", e entende que era o avô que caminhava com uma bengala. Essa ligação (isto é, a correferência entre "velhinho" e "avô") não está expressa no texto. Só é possível elaborar essa inferência através do conhecimento enciclopédico que as pessoas têm sobre "avô", que inclui não somente o significado básico da palavra (pai do pai ou pai da mãe), mas também informações do tipo: "em geral os avós são pessoas mais velhas". Esse conhecimento enciclopédico anterior, não-verbal, é que privilegia a ligação entre *velhinho* e *avô*, e descarta uma possível ligação de referência entre *Pedrinho* e *velhinho*.

Esse exemplo evidencia que a integração das sentenças de maneira coerente não depende somente da compreensão daquilo que está expresso explicitamente: depende também de certos conhecimentos implícitos, que estabelecem os elos para a ligação lógica das sentenças.

Outro exemplo semelhante é o seguinte:

(5) Meu cachorro está passando mal. O meu pai disse para levá-lo à clínica veterinária.

No exemplo (5) aparece o pronome *lo*, que remete a quem deve ser levado à clínica veterinária. Qual é o referente do pronome (isto é, a entidade para a qual o pronome aponta): o cachorro ou o pai? Em princípio o pronome deveria ser ambíguo, já que ele está completamente livre, tanto na sintaxe quanto na semântica, para se referir ao cachorro ou ao pai. Mas nesse caso não temos nenhum problema na identificação da entidade à qual o pronome se refere, e entendemos imediatamente que quem deve ser levado à clínica é o cachorro. O nosso conhecimento prévio sobre animais e o que se faz quando eles estão doentes, mais a nossa tendência a ligar as informações e procurar um elo lógico entre os dados apresentados nas sentenças, privilegia a ligação entre o pronome e o cachorro. Na verdade, a gente nem percebe que o pai também poderia ser levado à clínica veterinária (por exemplo, ele poderia trabalhar lá). Esse exemplo mostra que a identificação do referente de pronomes às vezes é feita através de inferências, que têm por base o conhecimento prévio.

Nos exemplos (4) e (5) vimos casos de utilização do conhecimento prévio na interpretação do referente das palavras *velhinho* e *lo*. Palavras como essas, que podem remeter a várias entidades e evocar referentes diferentes, dependendo do contexto em que se encontram, são chamadas "anáforas". A identificação do referente das anáforas pode ser um problema importante na leitura. Retornaremos a essa questão no capítulo "Elementos dados e anáfora", quando esse assunto será examinado mais detalhadamente.

Também dentro da própria sentença pode ser necessário inferir relações não especificadas, com base em outros conhecimentos possuídos pelo leitor. Esse é o caso, por exemplo, da interpretação da preposição *de* nas seguintes frases:

(6)	O gato morreu de medo.	(causa)
(7)	O gato morreu de noite.	(tempo)
(8)	É uma garrafa de vinho.	(conteúdo da garrafa)
(9)	É uma garrafa de vidro.	(material com que foi feita a garrafa)

Como explicam Castelfranchi e Parisi (1980), nesses casos a preposição *de* tem um conteúdo semântico vago, pouco específico, e a relação que se estabelece (de tempo, causa, conteúdo, etc.) é construída com base no nosso conhecimento prévio, a partir do que julgamos que seja viável ou plausível naquela situação. A relação não especificada é identificada pelo leitor com base em informação não-visual, isto é, com base no seu conhecimento permanente. Guiado pelo contexto, o leitor infere qual o conteúdo cognitivo a ser completado.

Observe-se que, no nível sintático, não é possível explicar a diferença de interpretação entre as sentenças. Isto é, a relação sintática entre os termos de (6) e (7) de um lado, e de (8) e (9) de outro, é igual. Na verdade, o leitor baseia a interpretação das sentenças de (6) a (9) não apenas na sintaxe, mas também no seu conhecimento de como as coisas se estruturam e se relacionam no mundo.

É a capacidade que o leitor tem de fazer inferências que permite ao autor não colocar no texto toda a informação necessária à sua compreensão. Quando se lê, por exemplo,

(10) Enquanto Alaíde estava cozinhando, um pingo de gordura fervendo caiu no seu braço.

infere-se imediatamente que "Alaíde se queimou", e por isso essa informação não precisa vir expressa no texto. Da mesma forma, se alguém me diz que

(11) Artur está trabalhando.

e eu sei que "Artur trabalha na Faculdade de Letras", daí eu posso concluir inferencialmente que "Artur está na Faculdade de Letras".

Como mostram esses exemplos, a construção de inferências tem como consequência a geração de conhecimentos novos com base nas informações do texto e nos conhecimentos já possuídos anteriormente. Quer dizer, quando construímos uma inferência, acrescentamos mais dados além dos que já estavam expressos, e incluímos informações extras ao texto.

Essa informação adicional, elaborada pelo leitor, passa igualmente a fazer parte do seu conjunto de conhecimentos, do mesmo modo como acontece com as informações transmitidas literalmente no texto. A capacidade inferencial é de tal forma inerente à compreensão da linguagem que o leitor, quando memoriza as informações recebidas, incorpora a esse elenco também a informação inferida, sem nem mesmo perceber que essa informação não estava explícita no texto. Esse dado inferido, que na verdade é construído pelo leitor, entra na memória como se fizesse parte do texto, do mesmo jeito que as informações literais.

Johnson, Bransford & Solomon (1973) (*apud* Bransford & McCarrell, 1977) comprovaram esse fato quando realizaram uma experiência em que foram apresentados, a dois grupos de leitores, textos como os apresentados a seguir:

(12) Fernando queria consertar o armário. Estava batendo um prego quando o telefone tocou.

(13) Fernando queria consertar o armário. Estava procurando um prego quando telefone tocou.

Após a leitura de (12) e (13), os sujeitos dos dois grupos deveriam ler o texto (14) a seguir, e dizer se o tinham lido anteriormente:

(14) Fernando queria consertar o armário. Estava batendo um prego com o martelo quando o telefone tocou.

Note-se que o martelo não foi mencionado em nenhum dos textos iniciais (12) e (13), mas o grupo que leu o primeiro texto (o de número 12) – que leva à inferência do uso de um martelo – afirmava ter lido o texto final (14). Já o grupo que leu o texto (13) – que não pressupõe o uso do martelo – dizia ter lido um texto diferente de (14). Vemos assim que o material inferido é memorizado pelo leitor juntamente com as informações explícitas. Essa experiência mostra que o que armazenamos da leitura é o **sentido** que construímos para o texto e não sua forma literal e, principalmente, mostra que desse sentido fazem parte as inferências que elaboramos.

Vamos examinar agora um pequeno texto e levantar as inferências envolvidas na sua compreensão.

(15) Amanhã é o aniversário da Laurinha. Ana e Luísa foram comprar um presente. Elas estão pensando em comprar uma boneca.

(Exemplo adaptado de Charniak, *apud* Castelfranchi e Parisi, 1979)

- Em primeiro lugar, se amanhã é o aniversário da Laurinha, supomos que ela ganhará presentes. Essa é uma inferência baseada num conhecimento de âmbito cultural, uma vez que há países onde não se oferecem presentes no dia do aniversário. Portanto, nem todas as pessoas poderiam construir aqui essa inferência.

- A partir do conhecimento enciclopédico de que "quando é o aniversário de alguém compram-se presentes para o aniversariante", inferimos que o presente que Ana e Luísa foram comprar é para Laurinha.
- E se o presente é uma boneca, inferimos a idade de Laurinha: deve ser uma criança.

A reconstrução das inferências envolvidas na interpretação desse pequeno texto pode parecer extensa, mas é inegável que quem compreendeu o texto teve de construir todas essas relações. O que é realmente surpreendente é a facilidade e o automatismo com que realizamos todas essas operações mentais.

É claro que nem sempre é tão fácil construir as inferências envolvidas num texto; a dificuldade de compreensão da leitura pode residir exatamente na dificuldade de estabelecer as inferências necessárias à integração das informações.

Vimos então que no processo de comunicação através da linguagem é necessário que o leitor (ou ouvinte) acrescente ao texto uma série de conhecimentos que ele mesmo já possui, de forma a poder estabelecer uma ligação ou uma ponte entre os elementos linguísticos realmente presentes, integrando as informações e dando coerência ao enunciado. É como se o leitor estivesse, a todo tempo, lendo nas entrelinhas. Para se entender a linguagem é preciso inferir diversas informações que não estão mencionadas explicitamente, mas que são absolutamente imprescindíveis para se poder entender a mensagem.

A compreensão da linguagem é então um verdadeiro jogo entre aquilo que está explícito no texto (que é em parte percebido, em parte previsto) e entre aquilo que o leitor *insere* no texto por conta própria, a partir de inferências que faz, baseado no seu conhecimento do mundo.

Expectativas e a noção de "esquema"

Vimos que as inferências que construímos na leitura de um texto estão ancoradas no nosso conhecimento prévio. Mas como é que esse conhecimento é ativado?

Para examinar esse ponto, vamos retomar o exemplo (4):

---

(4) Hoje Pedrinho veio buscar o avô. O velhinho caminhava apoiando-se numa bengala.

Quando analisamos esse caso, vimos que a correferência entre "velhinho" e "avô" é privilegiada com base no nosso conhecimento enciclopédico. O fato é que, ao se mencionar a palavra *avô*, o que é ativado na mente do leitor não é somente a definição do item, isto é, "pai do pai ou pai da mãe". Juntamente com os elementos que definem o conceito são ativadas na memória várias outras informações que se relacionam a esse conceito, como, por exemplo, o de "pessoa idosa". Elementos como esse não fazem parte da lista de traços semânticos obrigatórios – aqueles que servem para definir um conceito; são somente noções esperadas, mas são igualmente acionadas e focalizadas quando se menciona um item léxico.

Na verdade, uma palavra evoca na mente do leitor muito mais informações do que os seus traços definitórios, e ativa uma área cognitiva mais ampla, que inclui também os conhecimentos enciclopédicos relacionados ao conceito mencionado. Esses elementos esperados – chamados *expectativas* – são acionados juntamente com os traços que definem um item léxico, e muitas vezes são utilizados para promover a relação entre as partes de um enunciado.

As inferências que construímos na leitura têm como base as nossas *expectativas*, quer dizer, o que a gente *espera* que aconteça ou seja verdadeiro em cada situação. Esse é um tipo de conhecimento prévio especialmente importante no estabelecimento de inferências, bem como na formulação de previsões.

Exemplos de expectativas podem ser buscados na explicitação do processo de compreensão do texto (15) visto anteriormente. Dissemos que "se amanhã é aniversário da Laurinha, supomos que ela ganhará presentes". Mas como pudemos elaborar essa suposição? Essa inferência foi construída com base no nosso conhecimento prévio a respeito dos aniversários, que promove a expectativa de que o aniversariante ganhe presentes. Dissemos também que "se o presente é uma boneca, inferimos que Laurinha é uma criança". Essa inferência se baseia na expectativa seguinte: "espera-se que um brinquedo seja oferecido como presente a crianças, e não a adultos". Vê-se então que inferimos certas informações a partir daquilo que julgamos mais provável naquela situação, ou seja, a partir das nossas expectativas.

Estudos na área da psicologia cognitiva (como Schank (1978), Minsky (1975) e Rumelhart e Ortony (1976)) mostram que a memória tem de ser organizada de forma a permitir ao indivíduo ter acesso a informações relevantes que se ligam a um estímulo. Essas informações "adicionais" estão guardadas na nossa memória, interagindo com outras informações, de forma a compor um quadro que define um certo tipo de conhecimento. É como se cada unidade de conhecimento guardada na memória fosse interligada às demais, compondo uma espécie de "tecido" ou "circuito" cognitivo. Ao se acionar um conceito na memória, ativam-se simultaneamente outras informações que se ligam a ele. Essa rede de informações interligadas compõe o que se chama de "esquema". Um esquema inclui basicamente um nódulo central, que é o conceito ativado por um estímulo (como uma palavra, por exemplo), e mais as expectativas que se ligam a esse conceito.

Assim, por exemplo, o esquema de "cachorro" poderia ser representado, *grosso modo*, da seguinte maneira:

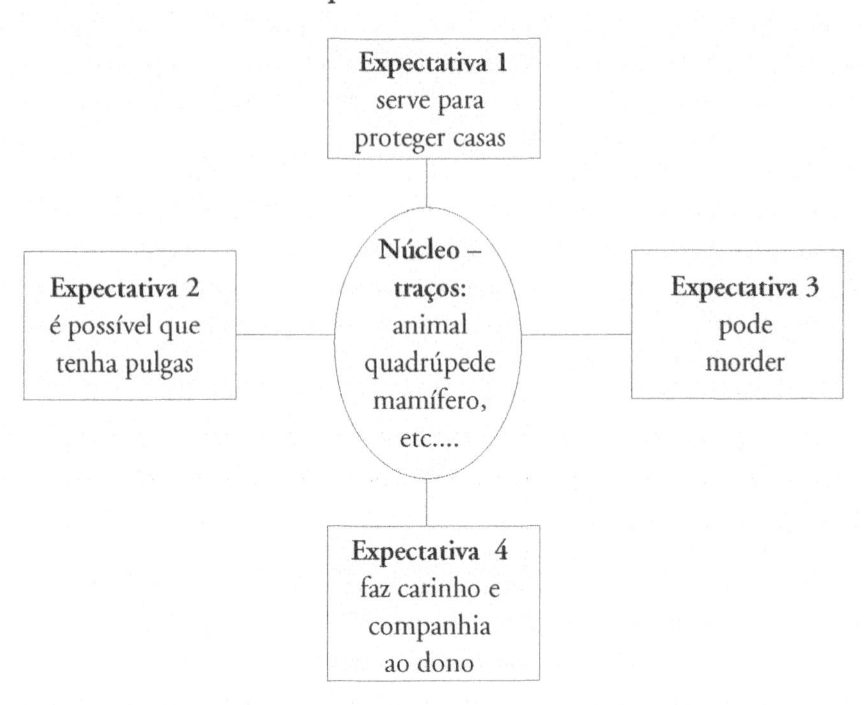

Quando o conceito de "cachorro" é acionado na memória, ativam-se simultaneamente todas essas informações ligadas ao nódulo central focalizado.

Os esquemas são estruturas que representam a organização do conhecimento armazenado na memória. São fatias do mundo dos conceitos, que podem ser ativadas na mente de um indivíduo através de um estímulo. São formados por informações que estão ligadas umas às outras, num processo interativo, compondo uma espécie de rede ou circuito mental. Como vimos, os esquemas se mostram necessários ao sistema de processamento da informação, desempenhando um papel importante no estabelecimento de inferências e na compreensão dos textos.[1]

Para exemplificar a ativação dos esquemas cognitivos, vamos voltar novamente ao primeiro exemplo visto no primeiro capítulo:

(16) A casa da Bia foi assaltada. Ela está pensando em comprar um cachorro.

Vimos que, para integrar essas duas sentenças num texto coerente, o leitor tem de criar pontes de sentido, ou seja, conexões lógicas. A integração das duas sentenças não está explicitada, mas é construída pelo leitor a partir do seu conhecimento prévio,

[1] A esse respeito, veja-se também Van Dijk, 2002.

que promove certas expectativas a respeito dessa situação. Ao serem ativados os conceitos de "casa" e "assalto", o leitor levanta imediatamente diversas expectativas, dentre as quais a seguinte: quem tem uma casa assaltada provavelmente tentará evitar que isso se repita, e portanto espera-se que procure proteção. Já o conceito de "cachorro", evocado na segunda sentença de (16), inclui a seguinte expectativa: cachorros servem para proteger casas (como representado na expectativa n. 1 do esquema anterior). São essas duas expectativas que, ao serem acionadas e interligadas, permitem que o leitor elabore a inferência de que a função do cachorro será guardar a casa, para evitar novo assalto.

Observe-se que, se modificássemos a segunda sentença de (16), construindo (17)

(17) Minha casa foi assaltada. Estou pensando em comprar um porquinho-da-índia.

seria difícil encontrar uma relação lógica no texto, uma vez que o conceito de "porquinho-da-índia" não inclui expectativas que poderiam se relacionar às expectativas acionadas pela primeira sentença.

É fato que é muito mais fácil entender o texto (16), em que aparece o cachorro, do que o (17), em que aparece o porquinho-da-índia. Mas apesar da dificuldade de integração das duas sentenças do exemplo (17), o leitor procura imaginar uma relação qualquer que possa ligar os dois fatos. Na verdade, ele sempre tenta entender duas sentenças justapostas como se fosse um texto, mesmo que isso lhe custe bastante esforço. O leitor parte sempre do princípio de que o autor não escreveu tais coisas por acaso, que ele não é doido, que na verdade o escritor tem a intenção de transmitir alguma informação, e que deve haver alguma lógica subjazendo à colocação apresentada. Por isso o leitor faz força para entender e procura sempre imaginar uma conexão possível entre os fatos relatados.

Grice (1967) exprimiu essa ideia quando formulou o chamado "Princípio Cooperativo", que consiste num elenco de convenções, estabelecidas tacitamente entre o emissor e o receptor, necessárias à comunicação eficiente. Uma das convenções – ou "máximas", segundo a terminologia usada por Grice – é a seguinte:

Máxima de Relação: seja relevante

Essa máxima resume o princípio que orienta o leitor na busca de uma coerência no discurso: o leitor supõe que o autor queira transmitir uma mensagem e que procura ser relevante naquilo que diz; fica a cargo do leitor procurar essa relevância e a lógica da informação.

Vamos considerar outro exemplo:

(18) João matou Maria. Amanhã vou visitar João na cadeia.

Todos conseguem compreender essas duas sentenças como um texto, ou seja, todos veem aí duas sentenças relacionadas entre si, e não duas frases isoladas. Então, é preciso explicar como chegamos a estabelecer essa relação; precisamos explicar, por exemplo, porque não nos parece estranho o fato de João estar na cadeia.

Todo o nosso raciocínio se baseia nos conhecimentos que já possuímos anteriormente, que se ligam ao esquema de "assassinato". Quando encontramos a situação "X matar Y" ativamos imediatamente na nossa memória uma série de outros conhecimentos ligados a essa noção, como:

- assassinatos são crimes, proibidos por lei;
- as transgressões à lei são passíveis de punição;
- uma das formas de punição é colocar o infrator na cadeia.

Assim, baseados nesses conhecimentos, podemos ter a expectativa de que ocorram certas situações, como a prisão do assassino.

Em outras palavras, podemos dizer que, quando o texto evoca na mente do leitor a noção "assassinato", são ativados paralelamente vários outros conceitos, dentre os quais a expectativa de que o agente seja preso. É essa expectativa, portanto, que explica o fato de João poder ser visitado na cadeia, e confere coerência ao texto (18). Baseados nessa expectativa, inferimos que João está na cadeia **porque** matou Maria.

Se tivéssemos, em vez do texto (18), algo como (19),

(19) João matou Maria. Amanhã vou ao enterro de João.

a integração das duas sentenças seria mais difícil, uma vez que o esquema de "assassinato" não levanta a expectativa de que o agente também morra. É provável inclusive que, no lugar de "vou ao enterro de João" o leitor entenda "vou ao enterro de **Maria**". As expectativas que ativamos com relação aos conceitos ou situações levantadas pelo texto são de tal forma poderosas que podem dirigir a leitura e guiar a interpretação. Nesse caso, como a expectativa mais forte é de que Maria fosse enterrada, e não João, pode acontecer de o leitor nem mesmo se deter na decodificação do final da segunda sentença, porque já pode prever qual seria a informação dada nesse trecho. Assim, quando o leitor encontra "vou ao enterro de...", ele salta a parte que vem imediatamente depois, completa sua interpretação com a expectativa formulada e compreende ou julga ter visto "vou ao enterro de Maria".

As expectativas variam em força de presença, sendo algumas ativadas mais fortemente do que outras, de acordo com critérios socioculturais ou individuais. Vimos nos exemplos que é mais fácil integrar o texto (18) do que (19), porque a expectativa que permite a integração das sentenças de (18) ("agente de um assassinato ser preso") é mais fortemente ativada do que aquelas que poderiam ligar as sentenças de (19) (como, por exemplo, "agente de um assassinato ser morto"). Essa explicação é pertinente se considerarmos nossa cultura. Mas numa cultura diferente, onde hipoteticamente houvesse pena de morte automática para assassinos, a expectativa "agente ser morto" poderia ser ativada mais fortemente do que para nós brasileiros, e permitiria que o leitor integrasse de modo mais fácil o texto (19). É nesse sentido que afirmamos que as expectativas são determinadas socioculturalmente. Além disso, podem variar de indivíduo para indivíduo. Por exemplo, o esquema de "cachorro" pode conter, para algumas pessoas, a expectativa "proteção", ao passo que para outras pode se ligar a "perigo", dependendo de suas experiências pessoais.

Quando a interpretação de um texto exige uma ponte de sentido baseada numa expectativa fortemente ativada, o texto é mais fácil de ser compreendido. Por exemplo, vamos imaginar um texto que fale de uma situação de "compra": isso ativaria um *script* que inclui uma lista de detalhes que caracterizam o evento e que se ligam normalmente a essa situação, como "ida a uma loja", "vendedor", "pagamento", "dinheiro", "carteira", "lucro", "embrulho".[2] Podemos ligar com mais facilidade sentenças que envolvam uma expectativa fortemente ativada, como no exemplo a seguir:

(20) Gostaria muito de comprar a sua rifa, mas infelizmente estou sem minha carteira no momento.

Por outro lado, quando o texto envolve expectativas mais fracas, a ligação entre as sentenças pode ser mais difícil, como se vê no exemplo a seguir:

(21) Gostaria muito de comprar a sua rifa, mas infelizmente estou sem minha chave no momento.

O esquema de "compra" ativa muito fracamente a ideia de "chave" (ao contrário da ideia de "carteira", que é ativada fortemente). Para a compreensão de (21), o leitor deve percorrer um caminho maior. Uma possibilidade é que o esquema de "compra" ative o esquema de "dinheiro", que por sua vez está ligado a "cofre", que então ativaria "chave". Vê-se que para integrar (21) o esforço é bem maior, exigindo que se percorra um caminho mais comprido do que em (20). Em (20), a expectativa de que haja uma carteira está ligada ao esquema de "compra" de uma forma mais estreita, mais próxima, mais evidente. Por outro lado, a existência da chave de um cofre nesse esquema não é uma expectativa tão forte; ao contrário, é uma expectativa fraca, ligada de maneira muito distante ao esquema de "compra". Para fazer a ligação da chave mencionada com a situação de "comprar uma rifa" o leitor tem de elaborar

[2] O termo "*script*" é usado por Schank (1978) para se referir ao esquema cognitivo que se relaciona a uma cena, como a situação de "fazer uma compra".

uma porção de deduções, tem de fazer uma série de raciocínios, e se esforçar objetivamente no sentido de descobrir uma possível relação entre os fatos. Todo esse raciocínio toma tempo, e às vezes é desenvolvido até de forma consciente.

Por outro lado, quando a ligação do texto é feita através de uma expectativa fortemente ativada, como no caso de (20), a compreensão é imediata e o raciocínio envolvido não é consciente. Nesse caso, o texto é compreendido mais facilmente e mais rapidamente. Chegamos então ao seguinte princípio:

> **Princípio 1**: Textos cuja compreensão depende da utilização de expectativas fortemente ativadas são mais legíveis.

Vimos então que as palavras mencionadas ativam na mente do ouvinte ou leitor não somente o significado que as define, mas todo um esquema de conhecimentos, composto de informações que se ligam ao conceito evocado.

Num texto, os esquemas evocados por cada item léxico interagem uns com os outros, privilegiando certas expectativas. Por exemplo, vimos que quando obtemos a informação de que

(22) João matou Maria.

acionamos imediatamente a expectativa de que João seja preso. No entanto, se sabemos que

(23) João matou a barata.

ou

(24) Um urso polar matou Maria.

não ativamos a mesma expectativa de prisão do agente, uma vez que ela só é acionada na presença de um agente e de um paciente humanos. Portanto, é a integração de três esquemas (do esquema de "matar" aos esquemas de "João" e de "Maria", que preenchem os espaços de agente e paciente humanos) que ativa a expectativa de que o agente seja preso.

Retomando as observações feitas até aqui, concluímos que, para compreender um texto, não basta que o leitor tenha um conhecimento adequado da língua; além disso, o conhecimento prévio do leitor tem também de incluir as expectativas que lhe permitem fazer as inferências necessárias. Essa capacidade de deduzir e fazer inferências é essencial na leitura, e vai além do conhecimento das regras da língua – é uma capacidade linguística "fora da gramática" –, ou seja, não decorre diretamente do conhecimento que o leitor tem da língua.

A ativação de expectativas ocorre em qualquer tipo de texto. Mas uma diferença interessante entre os textos literários e os informativos é o fato de que a literatura explora o aspecto de desvio da expectativa do leitor: causar ruptura da expectativa, promovendo surpresa, espanto, e criando impacto no leitor ao jogar com o inesperado, é uma das características típicas de textos literários. Para dar apenas um exemplo, veja-se o início de um conto:

> O homenzinho de ralo cabelo grisalho, com um discreto terno vermelho brilhante, parou na esquina de State e Randolph [...]. (Brown, 1982: 22, tradução nossa)

Vimos nesta seção que nem todas as informações que o autor tem em mente e pretende comunicar são colocadas explicitamente nos textos. Provavelmente isso nem seria viável, porque sobrecarregaria os textos com um número excessivo de informações. Além disso, a explicitação de todas as informações não é necessária, porque o mecanismo da inferência e da geração de expectativas é automático e inerente à linguagem. O que é difícil, às vezes, é o autor saber dosar o que deve ser explicitado no texto e o que pode ser deixado a cargo do leitor, para que ele complete com as inferências. Nesse sentido, é preciso levar em consideração dois pontos fundamentais:

- As inferências que o leitor formula têm como base o seu conhecimento prévio (o que chamamos InãoV). O conhecimento enciclopédico e mais especificamente o conhecimento a respeito do assunto do texto é que dão suporte e permitem a formulação das expectativas e das inferências.
- Se o leitor não tem o conhecimento prévio necessário para a formulação das expectativas e das inferências necessárias para ligar as partes do texto, não será possível construir as pontes de sentido – isto é, não será possível elaborar a rede de ligações que dá coerência ao texto – e portanto não será possível compreender adequadamente.

Tendo em vista essas observações, concluímos que uma das tarefas mais importantes do autor é a de avaliar adequadamente o conhecimento prévio do seu provável leitor e construir um texto que não demande inferências que o leitor é incapaz de elaborar.

O uso do conhecimento prévio em textos didáticos

Dissemos anteriormente que os textos em geral não incluem *todas* as informações de que o leitor necessita para compreendê-los. Na verdade, a explicitação de absolutamente todos os conhecimentos necessários à interpretação e à interligação das sentenças sobrecarregaria de tal modo o texto, avolumando o número de informações, comentários e explicações, que acabaria, sem dúvida, por dificultar ou inviabilizar a leitura. Não é, portanto, o caso de se imaginar que textos bem construídos devam apresentar explicitamente todas as informações necessárias à sua compreensão (isso nem mesmo é possível na prática); o que é preciso observar na composição de um texto é se o leitor em potencial dispõe de conhecimentos que lhe permitam inferir informações e relações não explícitas. É preciso, para isso, que o autor imagine seu provável leitor; é preciso que ele represente adequadamente o tipo de leitor para o qual escreve, aquele a quem se destina o texto. O autor deverá avaliar o conhecimento do leitor com relação ao assunto tratado e à sua capacidade de estabelecer as cadeias de inferências que o levem à compreensão. A partir daí, o autor poderá fazer as adequações necessárias sob esse ponto de vista, modelando o seu texto de acordo com os conhecimentos prévios e a capacidade inferencial do leitor ao qual se dirige.

É verdade que nem sempre é fácil imaginar o tipo de conhecimento possuído pelo leitor. Mas no caso de textos didáticos (nos quais nos baseamos neste livro, para o exame da legibilidade) é possível avaliar aproximadamente os conhecimentos de um aluno médio, ou pelo menos quais foram as informações introduzidas nas séries anteriores e quais ainda não foram apresentadas. Podemos analisar, nos textos didáticos, se as inferências requeridas se baseiam em conhecimento prévio já possuído pelo aluno daquela série. Dessa forma, o exame das cadeias de inferências pode fornecer um índice da dificuldade de um texto sob esse aspecto.

Voltamos então à questão levantada no início deste capítulo: como um texto formalmente bem organizado pode ser de difícil compreensão? A resposta parece ser que o leitor pode não possuir os conhecimentos prévios necessários para estabelecer pontes entre as informações fornecidas e não ser capaz de deduzir as conexões que conferem lógica e sentido ao texto. Muitas vezes, a maneira de tornar o texto mais legível é justamente evitar a necessidade de pontes de sentido baseadas em informação de que o leitor não dispõe previamente.

Para exemplificar, vejamos inicialmente um caso bastante evidente extraído de um texto didático:

---

(25) Uma pergunta final é: qual o diâmetro da Terra? 12.800 km. Para que você entenda o que esta distância representa, considere a distância de Belo Horizonte a Nanuque como referência. O diâmetro da Terra é aproximadamente 20 vezes maior que esta distância.

(Renan, L.; Durzi, M.; Medeiros, R. *Ciências* – 4ª série)

É claro que só é possível entender a comparação estabelecida em (25) se o leitor possui o conhecimento prévio de qual é a distância entre Belo Horizonte e

Nanuque. Sem essa informação anterior é impossível compreender a grandeza mencionada (isto é, a grandeza correspondente a 20 vezes a distância entre Belo Horizonte e Nanuque); a comparação fica totalmente sem efeito – e, pior ainda, pode perturbar a leitura do texto como um todo.

O princípio a que chegamos é o seguinte:

> **Princípio 2:** Textos cuja compreensão depende de conhecimento prévio que o leitor não possui têm a sua legibilidade comprometida.

Examinaremos a seguir outros exemplos, todos tomados de textos reais, elaborados para o ensino fundamental. Como se poderá constatar, muitas vezes o aluno não compreende o texto didático porque não possui o conhecimento prévio de informações necessárias para elaborar inferências, ou seja, para conectar os elementos presentes no texto e assim conferir lógica ao que leu. E se o aluno não compreende o texto, certamente terá mais dificuldade para aprender a matéria.

Vamos examinar o exemplo seguinte:

(26) **Revestimento do corpo**

A pele funciona como **reguladora térmica**, mantendo entre **36° e 37°** a temperatura interna do organismo. Por isso, em dias quentes, ou mesmo quando fazemos alguma atividade que requer muito movimento, suamos bastante.

(Vidal, E.; Valença, I. *Ciências Naturais* – 4ª série)

Nesse trecho é preciso entender a expressão ***por isso***, ou seja, as relações de causa e consequência. Para dar sentido ao texto, é preciso estabelecer uma ligação entre as duas sentenças, relacionando o suor e a função da pele de reguladora térmica. Mas só consegue inferir esse conhecimento quem já sabe de antemão o que o suor tem a ver com a função da pele de reguladora térmica (que é o que o texto pretenderia ensinar). É preciso saber, por exemplo:

- que a temperatura do corpo aumenta em dias quentes;
- que a temperatura do corpo não pode aumentar;
- que o suor é uma consequência do aumento da temperatura do corpo;
- que a temperatura do corpo sobe quando fazemos atividades que requerem muito movimento;
- que o suor não é uma consequência do exercício muscular, mas do aumento da temperatura interna;
- que suar resfria o corpo.

Provavelmente os leitores a quem o texto se destina não têm esses conhecimentos prévios, não podem construir a inferência que liga as duas frases, e acabam não entendendo o texto.

Vejamos outro caso. Apresentamos anteriormente exemplos de construção de inferências que envolviam a relação estabelecida por preposições. Relembrando:

(6) O gato morreu de medo. (causa)
(7) O gato morreu de noite. (tempo)

Vimos que em (6) e (7) a preposição *de* estabelece uma relação ambígua entre os elementos, que só pode ser especificada com base no conhecimento que o leitor tem de como as coisas se estruturam e se relacionam no mundo. Vamos agora examinar um caso semelhante, encontrado num texto didático:

(27) **Vital Brasil**

Foi Vital Brasil, um médico mineiro, quem descobriu e sintetizou o soro antiofídico. Depois de ter visto as experiências de famosos cientistas de Paris, Vital Brasil voltou para São Paulo e dedicou-se ao estudo do ofidismo. Iniciou suas experiências em 1897, no Instituto Bacteriológico do Estado e pouco tempo depois conseguiu imunizar animais com veneno de cobras. Nascia o soro antiofídico. As pesquisas se desenvolveram e foi criado o Instituto Butantã [...].

(Lima, R. B.; Cunha, C. M. *Criatividade em comunicação* – 5ª série)

O ponto que gostaríamos de salientar nesse texto refere-se à interpretação da preposição ***com*** no trecho *conseguiu imunizar animais com veneno de cobras*. A preposição é ambígua e não estabelece uma relação única; são permitidas pelo menos duas interpretações, a saber:

a) Vital Brasil conseguiu imunizar animais que estavam contaminados pelo veneno de cobras; e
b) Vital Brasil conseguiu imunizar animais, injetando neles veneno de cobras.

Só quem já conhece e sabe como funciona o soro antiofídico consegue inferir o significado adequado da preposição, optando pela alternativa correta, que é a última delas (b). Note-se que, para quem desconhece o assunto, essa é justamente a interpretação menos plausível.

Aqui a inferência necessária à interpretação da preposição ***com*** refere-se à escolha de qual relação deve ser estabelecida nesse contexto. E a escolha correta só pode ser definida por quem possui um conhecimento prévio a respeito da extração e da inoculação do soro antiofídico que lhe permita optar pela alternativa adequada.

Um caso semelhante aparece no exemplo seguinte:

(28) **A atmosfera**

[A atmosfera] desvia e queima muitos meteoritos, impedindo que eles atinjam a superfície terrestre. Esses corpos, entrando na atmosfera a uma grande velocidade, sofrem intenso atrito contra as partículas do ar e acabam se incendiando.

(Silva Jr., C.; Sasson, S.; Bedaque, P. S. *Ciências, entendendo a natureza* – 5ª série)

Aqui é preciso inferir que os meteoritos acabam se incendiando **porque** sofrem atrito contra o ar. A palavra ***e*** (na penúltima linha do trecho citado) indica uma relação não especificada, que tem de ser construída pelo leitor; ou seja, a relação de consequência tem de ser inferida (da mesma forma como acontece com a interpretação da preposição *de*, vista anteriormente). Mas se o aluno não tem esse conhecimento prévio (e não deve ter, porque é isso que o autor pretende ensinar), não pode inferir a relação. Vamos nos lembrar de que a relação atrito ⇒ calor ⇒ combustão não é nada óbvia para um aluno da 5ª série. E se o aluno não entende essa cadeia, não entende como é que a atmosfera pode queimar os meteoritos, já que no ar não tem fogo. Sem essa relação, o texto pode não ser compreendido.

Quando falamos sobre expectativas, vimos que os textos são mais facilmente compreendidos se apresentam situações e itens léxicos que automaticamente desencadeiam expectativas na direção do sentido que o autor quis transmitir. Ou seja, o texto pode ser de difícil compreensão se as expectativas que promovem a sua coerência não são acionadas de modo imediato na mente do leitor. O texto a seguir ilustra esse caso.

(29) **Mercúrio**: o planeta mais próximo do Sol

Mercúrio tem esse nome devido ao fato que é o planeta que mais rapidamente gira em torno do Sol: ele gasta 88 dias para efetuar uma volta.

(Renan, L.; Durzi, M.; Medeiros, R. *Ciências* – 4ª série)

Quando se lê esse texto, imediatamente perguntamos: o que tem a ver o nome do planeta Mercúrio com o fato de ele girar mais rapidamente em torno do Sol? É essa justamente a ponte de sentido que o texto solicita. Logo, para compreender o texto, é necessário possuir um conhecimento prévio que explique a relação que foi suscitada. Supomos que o autor quis relacionar o planeta Mercúrio ao deus Mercúrio, que era o mensageiro dos deuses e se deslocava velozmente. Mas essa relação só pode ser estabelecida por quem tem conhecimentos anteriores sobre mitologia clássica.

Esse texto, portanto, exige o estabelecimento de uma ligação que, por sua vez, pressupõe um conhecimento prévio que pode não ser ativado imediatamente na mente do leitor.

Caso o leitor não consiga construir imediatamente uma ponte de sentido, é até possível que tente imaginar uma ligação qualquer que explique a relação sugerida. Sabemos que o leitor se esforça sempre na tentativa de conferir lógica àquilo que lê, levantando hipóteses que poderiam explicar as relações envolvidas – mas, algumas vezes, sem conseguir se decidir por uma delas. No caso de (29), é possível supor, por exemplo: será que tem algo a ver com o metal mercúrio (talvez porque ele rola rapidamente, ao contrário dos outros metais)? Será que o autor quer estabelecer alguma relação com o remédio mercúrio – e qual seria ela? A ligação implícita, se não é óbvia nem imediatamente estabelecida, tem de ser construída com esforço. É evidente que essa tarefa é penosa para o leitor, atrasa a sua leitura, além de não lhe assegurar a compreensão adequada do texto.

Os livros didáticos estão repletos de exemplos como esses: apresentam textos bem construídos no que se refere à forma, mas que são extremamente difíceis porque exigem do aluno pontes de significado baseadas em conhecimentos prévios que ele não possui. O autor deve, portanto, estar atento ao conhecimento de que o seu leitor dispõe e adequar o texto a esse conhecimento.

Como dissemos, nem sempre é muito fácil imaginar aquilo que o leitor já sabe, isto é, de qual conhecimento prévio dispõe. Mas, em se tratando de textos didáticos, é possível imaginar aproximadamente que tipo de conhecimento os alunos geralmente possuem quando se encontram naquele determinado nível escolar. O encadeamento dos temas didáticos pode ser uma ajuda, já que os alunos costumam estudar os livros na sequência das páginas. Se, por exemplo, um texto requer um conhecimento prévio para a sua compreensão, e essa informação só é apresentada algumas páginas adiante no livro, fica claro que aquele texto não poderá ser compreendido pelo aluno ao qual o livro se destina. Significa que o autor não soube encadear adequadamente as informações no livro, de forma a fornecer ao aluno, passo a passo, as noções de que necessita para poder entender o que lê, e aí então poder somar conhecimentos novos àqueles já possuídos anteriormente.

Vejamos um exemplo de um texto inadequado desse ponto de vista:

---

(30) Quase todas as substâncias diminuem de volume quando se solidificam. A água, entretanto, é um dos poucos exemplos de substâncias que aumentam de volume ao congelar-se. Aí está a explicação por que um cubo de gelo não afunda na água de um copo. Sendo o peso do bloco de gelo igual ao peso da água resultante de sua fusão, o que varia é apenas o volume. (Gowdak, D. *Nos domínios das Ciências* – 5ª série)

Esse texto sugere que a explicação para o fato de o gelo não afundar está na relação entre seu peso e seu volume. Mas para compreender essa relação é preciso conhecer o "Princípio de Arquimedes", e o livro só explica esse princípio vinte páginas à frente. Portanto, ao ler essa passagem, provavelmente o aluno não poderá compreender a relação entre o volume e o peso do gelo, e o fato de ele flutuar.

Um caso semelhante, que requer conhecimentos que só serão apresentados em séries posteriores, é o seguinte:

(31) **A Inconfidência Mineira**

Tiradentes nasceu na fazenda do Pombal, perto do rio das Mortes. [...]

Na tropa, Tiradentes entrou em contato com as ideias Iluministas e se entusiasmou.

Em meados de 1788 chegou aqui o Visconde de Barbacena incumbido de lançar a Derrama. [...]

(Xerox sem indicação de autor – 4ª série)

Para entender de que forma o entusiasmo de Tiradentes pelas ideias iluministas se relaciona à Inconfidência Mineira, que é o tópico do texto (isto é, o assunto principal), é indispensável que o leitor saiba, entre outras coisas, quais são as ideias iluministas. Sem saber o que é Iluminismo e qual a sua filosofia, o leitor não é capaz de estabelecer uma ponte entre essa corrente de pensamento e a conjuntura brasileira na época da Inconfidência Mineira. Nesse caso, a informação sobre a influência do Iluminismo fica solta e sem sentido no texto.

Aí está justamente a inadequação que apontamos no exemplo (31): trata-se de um texto destinado a crianças de aproximadamente 10 anos, que têm parcos conhecimentos a respeito da História do Brasil, e provavelmente quase nenhum a respeito de História universal e que, portanto, não sabem nada sobre Iluminismo. Como esperar que essas crianças possam ler e integrar todas as informações do texto?

Na verdade, a leitura de textos como (30) e (31) só pode deixar nas crianças uma ideia de que ler é uma tarefa difícil (e chata), já que não são capazes de integrar as informações e assim compor um sentido global para o texto lido. Ou, ainda, vão se tornar inteiramente dependentes de explicações e explanações orais fornecidas pelo professor, não sendo capazes de assimilar uma atitude importante, característica do leitor proficiente: a de encarar o material escrito como uma fonte preciosa de independência e autonomia para a obtenção de informação e de ampliação do conhecimento.

Esse tipo de inadequação se verifica em textos de todos os níveis. Veja-se o texto abaixo, destinado a alunos de 1ª série do ensino fundamental, que também pressupõe um conhecimento prévio que o leitor certamente não possui.

(32) **Divisões de um Vegetal**

As folhas, as flores, a raiz, o caule e os frutos são partes de um vegetal superior, são divisões dele. Cada parte de um vegetal tem uma função importante.

> O vegetal retira seus alimentos do solo através da raiz e o caule leva estes alimentos até a folha. Na folha eles se transformam e ficam prontinhos para serem utilizados. As folhas são importantes para o vegetal, porque são a "fábrica de alimentos" deles. É através delas que o vegetal respira.
>
> As flores são encarregadas da reprodução dos vegetais e os frutos guardam a semente. Quando a semente cai no solo vai surgir uma nova planta. As sementes são, por isso, muito importantes. São elas que dão origem a um novo vegetal.
>
> (Xerox sem indicação de autor – 1ª série)

Ao final do segundo parágrafo, esse texto sugere uma relação entre "fabricar alimentos" e "respirar". A compreensão dessa relação pressupõe o conhecimento do processo de fotossíntese e da construção de uma série de pontes envolvendo conceitos como "respiração", "oxigênio", "energia solar", "clorofila", "reações metabólicas", etc. Está claro, portanto, que esse parágrafo pressupõe conhecimentos muito mais avançados e complexos do que aqueles que o texto pretende fornecer.

O mesmo se pode dizer do terceiro parágrafo. O texto informa que a semente é responsável pelo surgimento de uma nova planta, e a semente está guardada nos frutos; mas as flores é que são encarregadas da reprodução. A relação entre "reprodução", "semente", "flor" e "fruto" não está claramente explicitada no texto e depende de conhecimento que o aluno certamente não domina, pois é parte justamente da informação que o texto pretende transmitir.

Outro caso semelhante é o seguinte:

(33) **Movimento da Terra – Rotação e Translação**

> O movimento de rotação é aquele que a Terra realiza em torno de si, como se fosse um pião a girar.
>
> É por causa desse movimento que há os dias e as noites.
>
> (Menechelio, M. *De olho no futuro* – Ciência II – 2ª série)

A inferência que tem de ser feita nesse caso é o que os dias e as noites têm a ver com o movimento de rotação. A relação não está especificada aí, mas somente mais adiante no livro. Portanto, nesse ponto do texto é impossível fazer a inferência e conectar uma sentença à outra, e por isso a leitura fica sem sentido.

Exemplos como esses, que pressupõem a construção de pontes complexas demais ou que dependem de conhecimento prévio de que o aluno não dispõe, são facilmente encontrados em textos didáticos. E sem o conhecimento prévio necessário, o texto não é compreendido. Esse é um problema fundamental na discussão da legibilidade. Supomos que, provavelmente, é esse o aspecto da construção de textos que causa as maiores dificuldades de compreensão na leitura e que, além disso, produz as maiores distorções na formação de um leitor proficiente. É um aspecto da maior relevância para a construção de textos legíveis, e não deveria ser, de forma alguma, negligenciado pelo escritor, sobretudo pelo autor de textos didáticos.

Para construir um texto legível, é imprescindível que o autor imagine o seu leitor em potencial. É necessário que o autor avalie adequadamente o conhecimento desse leitor com relação ao assunto do texto e à sua capacidade de estabelecer as cadeias de inferências (ou seja, as pontes de sentido) que permitem a integração das informações. Só assim poderá modelar o seu texto de maneira a favorecer a legibilidade.

O estudo do estabelecimento de pontes de sentido encontra-se ainda muito pouco desenvolvido. Trata-se de um aspecto muito difícil de explorar, pois depende da compreensão de questões relativamente mal estudadas: questões relacionadas com a organização do conhecimento na memória humana, do seu acesso e de sua reestruturação a partir de novos estímulos.

O estudo sobre como o conhecimento é adquirido e organizado na memória e sobre como o leitor utiliza esse conhecimento na construção de pontes de sentido é um aspecto extremamente interessante e promissor na pesquisa sobre a legibilidade dos textos. A avaliação adequada do conhecimento prévio do leitor é, acreditamos, a maior garantia de legibilidade de um texto. Sua importância não se deve apenas à função desse conhecimento prévio no estabelecimento de pontes de sentido, mas no processo de leitura como um todo. Mesmo diante de um texto mal estruturado, o leitor pode superar todas as dificuldades se tem adequado conhecimento prévio, principalmente quanto ao assunto do texto. Acreditamos ser indiscutível que a atuação do conhecimento prévio na leitura é o fator mais importante para a legibilidade de um texto.

Tópico

Tópico sentencial e tópico discursivo

O termo *tópico* designa o assunto sobre o qual se fala. Podemos tratar do tópico tanto no âmbito de uma sentença quanto no âmbito de várias sentenças conectadas, como num parágrafo ou num texto maior. Assim, podemos falar de tópico sentencial e de tópico discursivo.

O *tópico sentencial* é o tema ao qual se referem as informações de uma sentença. Trata-se de uma função comunicativa, isto é, relacionada com o desenrolar da comunicação, com a carga informacional dos enunciados. Relaciona-se, portanto, com as ideias que o falante tem na mente e sobre as quais quer fazer o ouvinte pensar.

Por exemplo, na frase (1)

(1) Esse disco o Roberto comprou na Europa.

o tópico sentencial (também chamado de "tema") é "esse disco", porque é dele que se fala, ou seja, é a ele que se refere a informação de que "Roberto comprou na Europa".

O *tópico discursivo* incorpora a mesma ideia, só que o conceito é transferido para um domínio mais extenso: o tópico discursivo é o assunto principal de um texto, é o tema ao qual se referem as informações de um texto.

Essa noção mais ampla de tópico considera o nível de análise textual, no qual as sentenças são consideradas não isoladamente, mas como partes de um discurso vinculado a uma situação. Nesse nível, portanto, são analisadas as relações de coesão e coerência entre as sentenças que compõem um texto. Parte-se da ideia, já apresentada no primeiro capítulo, de que a compreensão de um texto não se dá apenas pela decodificação individual de cada um de seus elementos; o leitor deve integrar as informações, buscando um sentido global. A compreensão de um texto pode ser vista como um processo que tem como entrada uma sequência de sons ou de sinais gráficos, e como saída uma certa "estrutura de conhecimentos" na mente do ouvinte ou leitor.

Consideremos, como exemplo, a leitura da seguinte passagem:

(2) (i) As cidades europeias são muito diferentes das americanas. [...] (ii) Seus edifícios são, geralmente, severos, alguns deles tendo várias centenas de anos. (iii) Por outro lado, o crescimento rápido e desordenado dos centros urbanos americanos não ocorre na Europa.

(Castro, J. A. *Geografia*: Estudos Sociais – 8ª série)

Para compreender o texto (2) o leitor tem de depreender o tópico de cada sentença, tem de entender o que está sendo dito sobre ele, e tem também de detectar qual é o tópico de todo o texto, isto é, qual é o assunto geral que conecta todas as informações.

O tópico da sentença (i) é "as cidades europeias", e o que se está dizendo sobre elas é que "são muito diferentes das cidades americanas". Em (ii), o tópico é "os edifícios das cidades europeias", e o que se diz sobre eles é que "são, geralmente, severos e antigos". Já a sentença (iii) tem como tópico "o crescimento rápido e desordenado das cidades americanas", e o que se diz sobre ele é que "não ocorre na Europa". Essa compreensão individual de cada sentença é indispensável para a compreensão total do texto, mas não é suficiente. Não basta, por exemplo, que o leitor identifique o tópico da sentença (iii) – "o crescimento das cidades americanas" – e processe a informação que está sendo fornecida sobre ele – "não ocorre na Europa". Para compreender o texto, é indispensável que o leitor perceba que a sentença (iii), inteira, *inserida no texto*, tem a finalidade de fornecer informação sobre as cidades europeias, isto é, que "as cidades europeias não crescem rápida e desordenadamente como as cidades americanas". Compreender o texto (2) globalmente é tirar dele informações sobre as cidades europeias; é esse seu assunto. É nesse sentido que definimos o *tópico discursivo*: o assunto principal do texto.[1] Diremos então que "cidades europeias" é o tópico do texto (2).

[1] Para uma definição mais formal de tópico discursivo, ver Keenan & Schieffelin, 1976. Sobre tópico sentencial ver Li & Thompson, 1976. Sobre o tópico em português, ver Pontes, 1981a, 1981b e 1981c.

A importância do tópico na compreensão do texto

A identificação do tópico de um texto é indispensável para sua compreensão. O tópico parece condicionar a interpretação de cada unidade de um texto. Por exemplo, em um texto sobre economia, a palavra *banco* tenderá a ser interpretada como "instituição financeira" e não como "certa peça do mobiliário", a menos que haja indicação explícita do contrário. Isso acontece porque o tópico do texto ("economia"), ao estabelecer um quadro de referência, contribui para que o leitor crie certas expectativas que guiam a sua interpretação, ajudando-o inclusive a dissolver possíveis ambiguidades.

Bransford e McCarrell (1977) relatam experimentos que mostram a importância do tópico para a compreensão do texto. Veja-se, por exemplo, o texto a seguir:

(3) O processo é interessante. Algumas unidades – cujo número é determinado por um organismo superior – se movimentam segundo uma trajetória pré-fixada. O tempo é controlado para que não haja distúrbios no sistema. Também parece haver uma certa lei para a disposição dos elementos a serem transportados: parece haver uma tendência natural de ocupar sempre os lugares periféricos em primeiro lugar e só posteriormente as vagas centrais são preenchidas. Além disso, os elementos parecem se repelir mutuamente, embora isso não signifique que não possam se juntar ou se aproximar uns dos outros.

O texto (3) parece vago e confuso. Pode-se compreender suas partes isoladamente (palavras, sentenças), mas falta algo que as integre de maneira coerente. Seu tópico – "o processo" – é demasiadamente genérico para que o leitor possa estabelecer com precisão o quadro de referência e possa compreender adequadamente sobre o que se está falando. Mas se explicitarmos melhor esse tópico e dissermos que o texto trata do transporte urbano, feito pelos ônibus, pronto: todo o texto passa a fazer sentido. Se dermos um título ao texto, como *O transporte coletivo*, então fica mais fácil integrar cada unidade do texto na construção de um sentido global. Como dissemos, o tópico condiciona a interpretação do texto. Um caso específico desse condicionamento será tratado no capítulo "Elementos dados e anáfora": a interferência do tópico na interpretação de anáforas. Por ora, podemos formular um princípio geral sobre o efeito do tópico na legibilidade de textos:

Princípio 3a: A dificuldade de identificar o tópico de um texto compromete a sua legibilidade.

Falamos anteriormente de tópicos de sentenças (sentenciais) e de tópicos do texto (discursivos). Na verdade, textos mais longos têm, além do tópico principal, outros subtópicos que são tópicos de unidades menores, como o parágrafo.

O tópico e os subtópicos formam uma estrutura em que uns se subordinam a outros. Por exemplo, um texto sobre "a Europa" (tópico) pode ter como subtópicos "o relevo", "o clima", "a vegetação" e "a economia". Cada um desses subtópicos, por sua vez, também pode ser subdividido em tópicos menores; por exemplo, "a economia" pode ser estruturada em "agricultura", "indústria", "pecuária", etc. Todo esse sistema de tópicos e subtópicos deve ser facilmente identificável pelo leitor para facilitar sua tarefa de compreensão do texto. Em outras palavras, a compreensão da estrutura de tópicos (tópicos, subtópicos e sua hierarquia) é um componente essencial da compreensão de um texto. Pode-se dizer que um leitor que não apreendeu o tópico de um texto simplesmente não entendeu esse texto. Ele não consegue, por exemplo, responder a pergunta "Sobre o que é esse texto?".

Como ajudar o leitor na identificação de tópicos

Como vimos com o texto (3), uma maneira de estabelecer um tópico para um texto é dar-lhe um título. No entanto, essa não pode ser a única maneira porque, como diz Perini (1982b: 28),

> alguns textos não têm título, e ainda assim são perfeitamente compreensíveis – e duvido que seja possível compreender um texto sem tópico. E, por outro lado, textos longos têm não um único tópico, mas todo um sistema de tópicos [...] e uma mudança de tópico, ou a introdução de um novo tópico subordinado, não requer necessariamente um novo título ou subtítulo.

Uma outra maneira de melhorar a legibilidade do texto (3) é alterar sua primeira sentença para algo como: *O transporte coletivo é um processo interessante*. Parece, então, que a primeira sentença de um texto pode estabelecer o tópico desse texto. O tópico da primeira sentença se tornaria o tópico do texto.

Deve haver ainda outras maneiras de estabelecer tópicos (como, por exemplo, a referência reiterada a um mesmo elemento), mas os linguistas têm chamado a atenção para a estrita correlação – verificada em todas as línguas estudadas – entre "*ser tópico*" e "*ocupar uma posição inicial*". Essa correlação parece natural: sendo o tópico o ponto de partida cognitivo, isto é, a entidade que o falante tem em mente e sobre a qual dirá alguma coisa, ele deve coincidir com o ponto de partida comunicativo. Essas observações foram feitas a respeito de tópicos sentenciais, mas devem valer também para tópicos discursivos.

As afirmações feitas sobre a posição do tópico no discurso estão ainda à espera de uma validação mais concreta. Mas é com base nos dois recursos de sinalização de tópico que apontamos (isto é, título e posição inicial na primeira sentença) que reformularemos o princípio 3a:

> **Princípio 3b:** A má sinalização de tópicos pode reduzir a legibilidade.

Vejamos um exemplo de texto com tópico mal sinalizado, citado e comentado em Perini (1982b: 30-31):

(4) A Península Ibérica é limitada pelos Pirineus e a Baía de Biscaia ao norte, pelo Oceano Atlântico a oeste e pelo Mar Mediterrâneo ao sul e a leste. Está dividida em duas unidades políticas.

A Espanha, a maior das duas, tem uma população de cerca de 35 milhões de habitantes, que falam várias línguas, a saber, o castelhano, o catalão, o basco e o galego.

A única língua falada pelos 8 milhões de habitantes de Portugal é o português.

Perini (1982b) diz que:

> Um bom leitor certamente não terá dificuldade para compreender essa passagem, mas mesmo ele poderá sentir que há uma quebra na "suavidade" do texto no último parágrafo. Agora, consideremos um estudante que tem apenas uma vaga ideia de que a Espanha e Portugal são países estrangeiros, e que está lutando para aprender algo mais a esse respeito com base exclusivamente nesse texto: ele poderá ficar consideravelmente confuso por causa da redação do último parágrafo. O último parágrafo não inclui (ao contrário dos outros dois) nenhum sinal explícito para avisar o leitor de que começa o domínio de um novo subtópico, "Portugal". A integração correta do significado desse parágrafo no conjunto da passagem é deixada a cargo do conhecimento prévio do leitor – por exemplo, seu conhecimento de que Portugal é um país independente, e não uma província da Espanha.

Acho que a passagem no seu todo ficaria mais fácil (ou "mais suave") se reescrevêssemos o último parágrafo assim:

(5) Portugal tem uma população de 8 milhões de habitantes, que falam apenas uma língua, o português.

Outra maneira de "suavizar" a quebra seria dar a cada parágrafo um título, assim:

(6) A Península Ibérica
[...]
Espanha
[...]
Portugal
[...]

Só a experimentação empírica poderá responder se é o primeiro ou o segundo modo de sinalizar o tópico que é o mais eficiente. Provavelmente os títulos funcionam melhor, mas se começarmos a colocar títulos em cada parágrafo poderemos estragar o efeito, dessensibilizando o leitor, em pouco tempo, a esse tipo de sinal – isso para não mencionar o evidente dano à elegância estilística do texto. Em outras palavras, os dois recursos de sinalização nem sempre são intercambiáveis; mas em muitos casos o são, e nesses casos investigar a sua força relativa pode ser um problema interessante. (Perini, 1982b: 30-31)

Como dissemos anteriormente, esses dois recursos de sinalização não são os únicos. No texto (4) haveria ainda a possibilidade de anunciar os dois subtópicos no final do primeiro parágrafo, da seguinte maneira: "[A Península Ibérica] Está dividida em duas unidades políticas: Espanha e Portugal". Mas não há dúvida de que a melhor solução seria introduzir o último parágrafo com a palavra "Portugal", até mesmo por uma questão de paralelismo, já que o parágrafo anterior iniciou com a expressão "A Espanha".

O texto que vamos discutir a seguir – (7) – sugere uma outra maneira de destacar tópicos e subtópicos que parece ser também eficiente: o negrito.

O autor do texto (7) se valeu de vários recursos – títulos, negritos e até pontos coloridos (no original, vermelhos) no início dos parágrafos –, mas não sinalizou adequadamente todos os subtópicos do texto. Vejamos:

(7)

EUROPA OCIDENTAL

Aspecto geral

A Europa Ocidental compreende 4 países **continentais** e 2 **insulares.** É uma das áreas de maior concentração populacional do mundo. Além disso, seus povos desempenharam e ainda desempenham, papel de relevância na história mundial, tendo deixado traços de sua cultura em quase toda parte do mundo.

Os países insulares

Compreendendo um arquipélago bem próximo ao continente, as chamadas Ilhas Britânicas formam 2 países: o **Reino Unido da Grã-Bretanha e Irlanda do Norte** e a **República do Eire.**

• As **Ilhas Britânicas,** das quais se destacam a **Grã-Bretanha,** a **Irlanda,** as **Shetland**...

• Seus terrenos são bastante erodidos, sendo as elevações relativamente modestas.

• O **clima** das Ilhas Britânicas é resultado da sua **posição geográfica** (zona temperada norte) e da **presença do mar.** Sofre forte influência da evaporação marinha: é bastante **úmido.** São famosos os **nevoeiros** londrinos ("fog"), as **brumas** na costa escocesa e as **chuvas** da face ocidental das Ilhas, levadas pelos ventos de oeste e influenciados pela Corrente do Golfo.

• A **população** das Ilhas Britânicas é produto da influência de vários povos. Destes destacam-se dois:

— os **anglo-saxões** — que formam a maioria da população e...

[...]

• **A Irlanda** (Eire) é uma República, independente desde 1937. Antes, desde o século 17, estava submetida ao Reino Unido.

• A capital é **Dublin**.

A Irlanda, ao contrário do Reino Unido, é **predominantemente agrícola.** É grande produtora de **batatas** e **cereais.**

• Sendo uma área densamente povoada e não contando com suficientes recursos alimentares e de matérias-primas para suas indústrias, as Ilhas Britânicas dependem estritamente dos transportes marítimos para sobreviverem. Por isso mesmo é do Reino Unido a 1ª frota mercante do Globo, com 33.157.422 toneladas. Seus portos são movimentados, especialmente o já citado **Londres, Liverpool, Southampton, Cardiff** e **Glasgow,** entre outros.

A França

A República Francesa é o mais importante dos 4 países continentais que estudamos nesta lição. Seu território abriga uma população de 53 milhões de habitantes.

[...]

A **população** francesa • • •

[...]

A **economia** francesa • • •

[...]

Os três países do Benelux

Ao norte da França há três países: a **Bélgica**, os **Países-Baixos (Holanda**) e o **Luxemburgo.** Apesar da pequena extensão, graças ao trabalho de seu povo, os três representam hoje uma das maiores forças comerciais europeias. Unidos economicamente, formam o chamado BENELUX — das iniciais de cada país: BE (Bélgica); NE (Nederland — Países-Baixos) e LUX (Luxemburgo).

[...]

(Castro, J. A. Geografia: Estudos Sociais – 8ª série)

a) O primeiro parágrafo introduz os subtópicos "países continentais" e "países insulares". Como se pode ver, "países insulares" mereceu um subtítulo, mas "países continentais" não; o texto introduz diretamente o título *A França* sem avisar (ou sinalizar) para o leitor que aí começa o novo subtópico: "países continentais". A identificação desse novo subtópico não é totalmente impossível, uma vez que é mencionado na sentença seguinte ao título *A França*. Mas, acreditamos, demanda um esforço maior do leitor. E a situação se agrava mais adiante no texto quando "os três países do Benelux" são introduzidos, sem nenhuma referência ao fato de eles serem os outros "países continentais". Estamos sugerindo que o texto (7) ficaria mais legível se os subtópicos em questão fossem adequadamente sinalizados. Dessa forma, a lista dos subtítulos mais os elementos em negrito poderia fornecer ao leitor um resumo adequado dos pontos principais do texto.

EUROPA OCIDENTAL

[...]

Os Países Insulares

(... Reino Unido, Irlanda do Norte, Eire...)

Os Países Continentais

(...França, Bélgica, Holanda, Luxemburgo...)

b) Além dos títulos, o autor usa o recurso do negrito para sinalizar tópicos de parágrafos (subtópicos do texto). O quinto parágrafo tem seu tópico – "clima" – representado por uma palavra em negrito; o mesmo acontece com o tópico "população" no parágrafo seguinte. No entanto, fica a cargo do leitor depreender o tópico "relevo" para o quarto parágrafo. O mesmo acontece com o nono parágrafo (*Sendo uma área densamente povoada...*), em que o tópico "transportes" desaparece no meio de "recursos alimentares", "indústrias", "matérias-primas", etc. Também aqui a sugestão é que tais tópicos fossem sinalizados adequadamente (ainda que usando apenas o recurso do negrito, como feito anteriormente pelo autor).

Convém observar que a presença de marcadores gráficos (como o negrito ou pontos no início de sentenças) pode ser um recurso positivo para a identificação de subtópicos ou para chamar a atenção para aspectos do texto, caso sejam utilizados de forma bem dosada. Por outro lado, o excesso na utilização desses recursos gráficos pode causar uma espécie de "poluição visual", sobrecarregando o texto de sinais extras que podem perturbar e confundir o leitor.

Os textos (4) e (7) são exemplos de como a má sinalização de tópicos e subtópicos pode levar à interpretação incorreta de uma passagem, ou então a um retardamento geral na velocidade de leitura, talvez com a necessidade de voltar atrás e reler algumas linhas – um processo que, dependendo do tipo do leitor, pode significar no final das contas a impossibilidade de compreender uma passagem.

(8)

Está na cara

Pesquisas desvendam os mecanismos usados pelo cérebro para identificar rostos

Jane sofre de uma condição neurológica chamada prosopagnosia: a incapacidade de reconhecer faces. Essa doença limita bastante a vida social de suas vítimas. Elas desenvolvem macetes para identificar pessoas pelo cabelo, pela voz, pelo lugar onde sentam no ambiente de trabalho – mas a interação em festas e encontros sociais, onde as pessoas se misturam, é quase impossível Pesquisas recentes têm jogado luz sobre essa estranha condição – e sobre a habilidade só na aparência trivial de reconhecer e memorizar feições. [...]

(9)

As cores do branco

Exposição do Vaticano recupera o colorido original das esculturas da antiguidade greco-romana

Estátuas clássicas de deuses gregos e de imperadores romanos são brancas ou cinzentas, e é dessa forma que sempre estiveram expostas nos principais museus do mundo. Colori-las seria um verdadeiro sacrilégio e um tremendo mau gosto. Pois é exatamente isso que fez o Museu do Vaticano. [...]

(10)

ABRACADABRA

Ao criar produtos mais resistentes do que o aço e milhares de vezes menores do que um fio de cabelo, a nanotecnologia inaugura a era dos objetos inteligentes e dos remédios que viajam pelo corpo

Um dos maiores escritores de ficção científica de todos os tempos, o russo Isaac Asimov dizia que toda tecnologia avançada é indistinguível da magia. A maioria dos laboratórios de pesquisa de universidades e empresas trabalha hoje em projetos que parecem faz de-conta. Ali são criadas minúsculas câmeras que viajam pela corrente sanguínea para enxergar as entranhas do corpo humano com precisão nunca antes vista. [...]

(11)

Furacão de plástico

Cartões de crédito batem recordes de vendas e chegam até as camadas de menor renda

Já vai longe o tempo em que cartão de crédito era um emblema das pessoas abastadas e um símbolo de status acariciado pelos integrantes da classe média. Por ser útil em situações de normalidade econômica – mas sobretudo por ser altamente vantajoso na atual anormalidade da economia brasileira –, sua utilização cresce vertiginosamente, batendo sucessivos recordes de comercialização, ao mesmo tempo que pessoas de faixas mais modestas começam a experimentá-lo na hora de pagar as contas. [...]

Mas, muitas vezes, há uma sinalização evidente: um título, por exemplo, mas um título que não é eficiente, uma vez que não ajuda o leitor a identificar prontamente o tópico do texto. São, em geral, títulos metafóricos, ambíguos ou vagos demais, como nos textos (8) a (11), retirados de revistas de informação (*Veja*, *IstoÉ* e *Encontro*).

Nesses casos apresentados nos exemplos 8, 9, 10 e 11, a sinalização do tópico através do título simplesmente não funcionou. Tanto é assim que os próprios autores parecem sentir a necessidade de suprir essa deficiência dos títulos acrescentando logo a seguir uma espécie de subtítulo: períodos inteiros que resumem o texto.

Títulos dessa natureza, que só são interpretados adequadamente depois da leitura de grande parte do texto (ou, pelo menos, após a leitura do *lead*, que é o texto curto que aparece após o título), são frequentes e até desejáveis, por exemplo, em textos jornalísticos ou em textos com pretensões estéticas, uma vez que cumprem a função de despertar o interesse do leitor e de mostrar a habilidade literária do autor. Perguntamos, no entanto, se são adequados a textos didáticos de caráter informativo. Em outras palavras, embora a função de despertar o interesse do leitor seja importante, os títulos não serviriam melhor, no texto didático, à tarefa de facilitar a sua compreensão? Felizmente os autores de textos didáticos parecem concordar pelo menos parcialmente conosco, pois não chegamos a encontrar títulos vagos ou metafóricos como os de (8) a (11) nos manuais consultados.

No entanto, encontramos vários exemplos de títulos que, embora sendo compreensíveis, não representam adequadamente o tópico dos textos que acompanham. Consideremos o exemplo a seguir:

(12) **A Razão do Nome Belo Horizonte**

Pessoas de muita influência resolveram dar nova denominação ao lugar. "Arraial do Curral D'el Rei" já não satisfazia mais como nome. Era preciso um melhor, mais próprio. Foram sugeridos vários nomes e entre eles "Novo Horizonte". Este foi o que mais agradou a todos. O governador da época acabou modificando e escolhendo "Belo Horizonte" como nome oficial. Muitas discussões surgiram, porém, prevaleceu Belo Horizonte e assim ficou até os nossos dias.

Por quase dois séculos Ouro Preto foi capital do Estado de Minas Gerais. Mas, por ser uma cidade histórica e cercada por montanhas, não tinha condições de crescimento. Ouro Preto já não atendia aos nossos interesses conômicos. Várias cidades foram candidatas ao posto de capital. E Belo Horizonte foi escolhida.

(Xerox sem indicação de autor – 3ª série)

O texto (12) diz algo sobre como Belo Horizonte recebeu este nome, mas *a razão* da escolha não é fornecida. O título cria uma expectativa que não é satisfeita no texto. Acreditamos que um aluno que lê o título de (12) espera encontrar uma explicação do tipo, por exemplo, da que lhe é dada em outro texto da mesma série, intitulado *História de Belo Horizonte*, onde se lê: "[...] com isso foi se formando um arraial que começou a ser chamado Curral D'el Rei, pelo fato de ter havido ali curral de aluguel para os que trabalhavam nas minas [...]". Nesse caso temos uma *razão* do nome *Curral D'el Rei*. Porém, no exemplo (12), nenhuma explicação desse tipo é apresentada para o nome de Belo Horizonte. A razão deste nome pode até ser óbvia demais, mas no caso de o autor não fornecê-la, o título do texto fica inadequado.

Outro problema apresentado pelo texto (12) é que parte dele (o trecho que começa com "Por quase dois séculos" até o final) não tem nada a ver nem mesmo com o *nome* da cidade (esse trecho refere-se à transferência da capital). Isso faz o título ainda menos adequado.

Um outro exemplo:

---

(13) **Belo Horizonte e sua integração na Federação Brasileira**
As pessoas não vivem só. Elas se agrupam.

Inicialmente, as pessoas agrupam-se em famílias, onde o amor... o trabalho... o sofrimento... as mesmas aspirações... as mesmas alegrias do passado e do presente... a compreensão... pertencem a todos, pois todos têm responsabilidades no seio da família.

Assim cada um trabalha de uma forma para o bem-estar de todos: uns saem de casa para ganhar o sustento do lar, outros ficam cuidando da casa e dos filhos, e até as crianças têm as suas responsabilidades.

E as famílias vão se reunindo, formando outros grupos maiores: a cidade, o município, o estado, a nação. Os mesmos sentimentos, as mesmas responsabilidades precisam estar aqui presentes. Essa diversidade de pessoas que vivem juntas no nosso imenso território, falando a mesma língua (a Língua Portuguesa), obedecendo à mesma Lei, unidas pelos mesmos sentimentos, tradições, cultura, com as mesmas aspirações do futuro – é o povo brasileiro – que formam uma única e imensa família: **A GRANDE NAÇÃO BRASILEIRA!**

MESMO TERRITÓRIO
MESMA LÍNGUA
MESMA LEI
MESMOS SENTIMENTOS
MESMAS TRADIÇÕES
MESMA CULTURA
MESMO IDEAL...

Na família: todos têm direitos e deveres.
Os direitos precisam ser respeitados;
os deveres precisam ser cumpridos.
Para garantir a ordem e o bom funcionamento da sociedade familiar.
Assim como na família:
em qualquer sociedade humana: escola, igreja, clubes recreativos... precisa existir um conjunto de normas que estabeleçam os direitos e os deveres das pessoas e também o funcionamento da sociedade.

(Xerox sem indicação de autor – 3ª série)

O próprio título do texto não nos parece tão compreensível como o de (12); mas, para efeito de discussão, suponhamos que o aluno que deve ler esse texto até mesmo já conheça o significado de *Federação Brasileira* e consiga interpretar adequadamente o título. Mesmo assim, esse título não parece ajudar em nada a compreensão do texto; talvez até atrapalhe. "Belo Horizonte" assume no título uma importância que não tem no texto; nenhuma referência específica lhe é feita. A noção de cidade que aí aparece é genérica: não se trata necessariamente da cidade de Belo Horizonte. Além do mais, é um detalhe – da mesma natureza que escola, clube, município, estado – numa escala maior que vai da família à nação. E se algum dos graus dessa escala é destacado, não é a cidade, mas sim a família.

É claro que não é totalmente impossível tirar do texto informação sobre "a integração de Belo Horizonte na nação", mas, para fazê-lo, o aluno terá que construir pontes e estabelecer ligações que não estão explícitas.

Se realmente o tópico do texto (13) é "como a sociedade (ou a nação) se organiza", temos então um título que, se não dificulta a compreensão do texto, também não a facilita em nada.

Resumindo nossa discussão: títulos são um bom recurso de sinalização de tópicos, mas se não representam adequadamente esses tópicos, não contribuem para a legibilidade do texto e podem mesmo dificultar a leitura.

Podemos então completar o princípio anterior com a seguinte formulação:

> **Princípio 3c:** A má sinalização ou a representação inadequada de tópicos compromete a legibilidade de textos.

Argumentamos até aqui que a correta identificação do tópico e dos subtópicos de um texto é indispensável para sua adequada e rápida compreensão. No capítulo "Elementos dados e anáfora" analisaremos um outro aspecto da atuação do tópico na compreensão de textos: a sua interferência na interpretação de elementos anafóricos. E na próxima seção discutiremos a relação entre a sinalização de tópicos e um outro fenômeno: a distribuição do dinamismo comunicativo.

Tópicos e a distribuição do dinamismo comunicativo

O princípio 3c prevê que textos com tópicos mal sinalizados ou inadequadamente representados são mais difíceis de ler.

No entanto, gostaríamos de chamar a atenção, desde já, para o fato de que as hipóteses levantadas aqui não devem ser consideradas isoladamente, mas umas em relação às outras. Isso porque, no processo de elaboração de textos, o autor deverá considerar, ao mesmo tempo, os vários aspectos da organização textual. Assim, por exemplo, ao sinalizar adequadamente um tópico, o autor pode estar fazendo uso de inserções, de estruturas complexas ou de inversões, que são estruturas que comprometem a legibilidade. Da mesma forma, no processo de compreensão, o efeito negativo de uma característica qualquer pode ser minimizado pela influência facilitadora de algum outro aspecto do texto. Por exemplo, um tópico bem sinalizado pode compensar a dificuldade apresentada por outro fator, como uma estrutura complexa ou uma inserção longa. Essa inter-relação dos vários fatores que interferem na legibilidade deve ficar mais clara à medida que tais fatores forem sendo apresentados nos próximos capítulos. Por ora, fica somente colocada essa observação.

Vamos verificar agora a interferência da distribuição do dinamismo comunicativo na sinalização de tópicos.

Os linguistas da Escola de Praga propuseram uma análise que chamaram "perspectiva funcional da sentença", que trata de um aspecto da estruturação da sentença que pode interferir na posição ocupada pelo tópico. Segundo eles, os elementos da sentença se organizam de acordo com seu "dinamismo comunicativo" (DC), ou seja, com o quanto contribuem para o desenvolvimento da comunicação (veja exemplo a seguir). Elementos com menor DC tendem a vir *antes* daqueles com maior DC. A distribuição de DC pode ser exemplificada com as seguintes sentenças, retiradas de Azevedo (1973):

(14) Nossos valentes soldados não temem o inimigo.
(15) Nossos soldados valentes não temem o inimigo.

Em (14) entende-se necessariamente que todos os "nossos soldados" são "valentes". Portanto, o nome *soldados* tem um grau de DC maior que o adjetivo *valentes*, que é quase supérfluo, dispensável, uma vez que denota uma qualidade implícita, e portanto não tem uma carga informativa importante, isto é, contribui pouco para o desenvolvimento da comunicação. Já em (15) a situação é inversa. Nem todos os soldados são valentes, e portanto o adjetivo é essencial, pois delimita o conjunto dos nossos soldados de que falamos, isto é, "aqueles dos nossos soldados que são valentes". Traz, portanto, informação indispensável; tem então alto grau de DC.

Como se pode observar, à diferença de grau de DC das palavras (na verdade, de seus referentes) corresponde uma variação na posição em que ocorrem: as de menor grau de DC vêm antes.

Essa não é uma regra geral; é apenas uma tendência. E o que estamos querendo dizer é que, quando essa tendência se manifesta, ela pode interferir na posição do tópico. Em outras palavras, pode ser que, em função da distribuição de DC, seja necessário deslocar o tópico da sua posição mais natural – o início da sentença. Observe-se, por exemplo, a passagem a seguir:

(16) Embora o Brasil mantenha relações com os diversos países do Globo, reconhece-se uma ligação mais íntima com Portugal: o português recebe no Brasil um tratamento diferenciado daquele que é dado aos demais estrangeiros, o mesmo ocorrendo com o brasileiro em terras portuguesas.

Essa relação mais próxima advém de uma identidade de língua, de história – que, a rigor, até a Independência do Brasil em 1822, foi comum – e de costumes e valores que mostram a influência do português na formação da Nação brasileira. [...]

(Nadai, E.; Neves, J., *História do Brasil* nº 1 – 5ª série)

O tópico do texto (16) é "as relações do Brasil com Portugal", mas ele não está representado no início da primeira sentença. O que encontramos aí é a informação de que "o Brasil mantém relações com os diversos países do Globo". Essa informação é secundária, e isso é sinalizado no texto através do uso da expressão *embora*. A colocação dessa informação numa posição inicial se justificaria pelo seu menor grau de DC; e teria como consequência o deslocamento do tópico mais para o final da sentença.

A distribuição de DC apontada pelos linguistas de Praga aplica-se no âmbito da sentença. Mas acreditamos que essa análise pode ser ampliada para o discurso. Isto é, pode-se determinar o grau de contribuição de cada informação do texto para o desenrolar de seu assunto principal, e verificar sua posição. O que observamos, então, é que essa distribuição de DC no texto pode atuar na ordenação das informações, e pode deslocar um tópico discursivo até mesmo para fora da primeira sentença. É muito comum que tópicos de textos sejam introduzidos após várias sentenças iniciais. Nesse caso, antes de ser lançado o tópico do texto, é apresentado primeiramente um trecho introdutório que faz apelo ao conhecimento que o leitor já possui, de forma a guiar o seu raciocínio e ancorar o assunto do texto nas informações já conhecidas. Observe-se, por exemplo, o texto a seguir, cujo tópico "o clima" só é introduzido após informações sobre "o tempo", as quais o leitor provavelmente já domina ou que, pelo menos, lhe são mais facilmente acessíveis:

(17) Os jornais, o rádio e a televisão dão diariamente a previsão do tempo. Informam se o tempo, naquele dia, será quente, se será chuvoso, se haverá muito vento, etc. O tempo varia durante o ano. Há semanas em que há ventos frios, pouco calor, pouca chuva. Esse é um tipo de tempo comum no Brasil tropical, durante o inverno. No verão há outros tipos de tempo. Durante um ano inteiro presenciamos muitos tipos de tempo. Essa sucessão de tempos, que se repete quase igual de ano para ano, é que chamamos de clima. O clima é a sucessão habitual dos tipos de tempo. [...]

(Apostila sem indicação de autor – 3ª série)

É interessante observar que a organização do texto (17) pode até mesmo não comprometer sua legibilidade. Acreditamos que o deslocamento do tópico da sua posição inicial pode ser compensado pela distribuição de DC, que parece facilitar a leitura. Isto é, em (17), a apresentação do assunto novo (e que é o tópico do texto – "o clima") é feita a partir de informações conhecidas pelo leitor. Formulamos, assim, o princípio 4:

Princípio 4: A introdução do assunto do texto a partir de informações já conhecidas pelo leitor, mesmo com o consequente deslocamento do tópico discursivo da posição inicial, pode facilitar a leitura.

Por outro lado, se o tópico não está na primeira sentença e, além disso, o texto não começa com informações conhecidas, nesse caso o leitor terá maior dificuldade. Um teste feito com os textos que se seguem confirmou nossa análise.

(18) Um componente do sistema solar bastante interessante, observado desde a antiguidade e associado até bem pouco tempo a calamidades e catástrofes pode ser descrito como um objeto brilhante, possuindo uma longa cauda, que aparece no céu durante semanas ou poucos meses, perdendo aos poucos sua beleza e depois desaparecendo. Estes corpos celestes são conhecidos como COMETAS.

(Renan, L.; Durzi, M.; Medeiros, R. *Apostila de Ciências* – 4ª série)

(19) O COMETA é um componente do sistema solar bastante interessante. Observado desde a Antiguidade e associado até bem pouco tempo a calamidades e catástrofes, pode ser descrito como um objeto brilhante, possuindo uma longa cauda que aparece no céu durante semanas ou poucos meses, perdendo aos poucos sua beleza e depois desaparecendo.

No texto (18), o tópico "o cometa" aparece explicitado apenas na última sentença e, além disso, as informações das primeiras sentenças são também desconhecidas.[2] Já a versão (19) tem o tópico representado na primeira sentença.

O texto (18) tem, certamente, outros problemas além do que observamos; por exemplo, a primeira sentença é extremamente longa e contém uma inserção. Procuramos, no entanto, manter essas características no texto (19) para que a elas não pudesse ser atribuída a dificuldade de leitura de (18).

[2] Para uma análise e discussão das noções de conhecido/desconhecido, aplicadas ao português, veja-se Liberato, 1980.

Fizemos um teste preliminar com os textos (18) e (19), submetendo-os a dois grupos de leitores com características semelhantes (nível de escolaridade, faixa etária, classe social, etc.). Após a leitura, testamos a compreensão de cada texto, solicitando aos dois grupos que fornecessem o maior número possível de informações retiradas do texto sobre "o cometa". Não se permitiu consulta após a leitura. Da análise das respostas depreendemos que os leitores de (19) demonstraram um nível de compreensão melhor que os leitores de (18) – houve recuperação de maior número de informações e com maior grau de fidelidade ao texto.

A correlação entre os recursos de sinalização de tópico (título, posição inicial – na sentença ou no texto) e de distribuição de DC precisa ainda ser melhor investigada. Por exemplo, seria interessante verificar o efeito da sinalização do tópico no texto (18) através de um título. Acrescentando-se um título – *O Cometa* – ao texto (18), sua legibilidade se equipara à do texto (19)? E quanto ao texto (19), a colocação do título altera sua legibilidade? E, ainda, o texto (17) fica também mais legível com um título? Todas essas perguntas têm relevância e ainda precisam ser respondidas. É claro que a tarefa de investigação empírica dos vários fatores de dificuldade apontados, bem como da correlação entre eles, é indispensável para a definição da legibilidade.[3]

Tópico e parágrafo

Apontamos várias vezes neste capítulo a existência de uma correlação entre o tópico e os subtópicos de um texto, por um lado, e a sua divisão em parágrafos, por outro. Sugerimos que os parágrafos são organizados em torno dos subtópicos do texto, e que uma das maneiras de sinalizar o tópico de cada uma dessas unidades é justamente colocá-lo na posição inicial do parágrafo (cf. segunda e terceira seções deste capítulo). Vamos agora examinar mais de perto em que base são estruturados e divididos os parágrafos, e a repercussão desse ponto para a legibilidade textual.

A teoria do parágrafo

Rehfeld (1984), em seu estudo sobre a paragrafação, aponta justamente a relevância desse assunto para a questão da legibilidade:

> [...] a paragrafação constitui um dos aspectos importantes da estruturação dos textos e, nesse sentido, relaciona-se com o problema da compreensão em leitura: o parágrafo pode servir de pista para a montagem da "paisagem mental" que o leitor constrói do texto. Um leitor pode desenvolver estratégias que o levem a esperar nos limites de parágrafo a ocorrência de certas transições de traços [...] relevantes para a compreensão do texto. (p. 1)

[3] Uma pesquisa nesse sentido encontra-se em Fraiha, 1991.

A partir dessa concepção, Rehfeld realizou testes que lhe permitiram chegar às conclusões de que (a) o parágrafo é uma unidade psicologicamente real; e (b) a mudança de parágrafo é condicionada por três fatores, a saber: por uma mudança de parâmetros, pelo grau de detalhamento das informações em relação ao tópico geral do texto e pelo tamanho do próprio parágrafo. Vamos explicar, a seguir, cada um desses pontos.

Com a afirmação de que "o parágrafo é uma unidade psicologicamente real", a autora pretende mostrar que o leitor não compreende o parágrafo como um mero recurso estético, marcado aleatoriamente, mas supõe que a paragrafação seja regida por certos princípios, e que haja uma correlação entre a organização em parágrafos e a estruturação semântica, formal e discursiva do texto. O leitor espera que a uma mudança de parágrafo corresponda, paralelamente, uma mudança nas características do texto. Essa hipótese fica comprovada pelo fato de que leitores (proficientes) submetidos a um teste, a partir de um texto não paragrafado, indicaram consistentemente que esperavam limites de parágrafo em certos pontos especiais do texto. Isso sugere, portanto, que os leitores têm uma noção intuitiva dos locais adequados à paragrafação, e que esses locais preferidos, indicados em algumas ocasiões de maneira tão uniforme, devem estar relacionados a alguma transição de traços do texto. Estudos realizados por Parisi e Silva (1980) (*apud* Rehfeld, 1984) sugerem igualmente que

> a alta concordância entre os sujeitos na segmentação de um texto em determinados pontos é indício de que deve haver fator ou fatores implícitos que condicionam essa seleção. A relevância dessa alta concordância entre os sujeitos na segmentação de um texto em parágrafos está no fato de que ela constitui uma evidência em favor das regras de paragrafação como parte da competência linguística do leitor-escritor de uma língua e, assim, uma evidência em favor da realidade psicológica do parágrafo. (p. 19-20)

A hipótese de que os pontos de limite de parágrafo estariam vinculados a pontos de mudança estrutural do texto promoveu a investigação de quais seriam esses traços condicionantes que, por um lado, levariam o autor a segmentar seu texto naqueles determinados locais e, por outro lado, funcionariam para o leitor como pistas para o processamento desse mesmo texto.

O teste realizado com textos narrativos permitiu que a marcação dos parágrafos fosse interpretada como decorrência de mudanças de determinadas unidades de traços semânticos, chamados parâmetros. Para os textos narrativos, foram definidos os parâmetros personagem, tempo e lugar. Uma quebra na continuidade de cada um desses parâmetros – como, por exemplo, a mudança do lugar onde se desenrola o fato narrado, ou uma passagem de um tempo específico para genérico, ou a saída ou entrada em cena de um personagem – teria o potencial de desencadear o efeito de uma mudança de parágrafo. Esse limite potencial, caso viesse a se constituir efetivamente num limite de parágrafo, sinalizaria para o leitor que naquele ponto do texto há uma modificação em algum parâmetro, e dessa forma serviria como uma pista auxiliar na tarefa de compreensão da leitura.

A probabilidade de um limite de parâmetro vir a constituir um limite de parágrafo é condicionada por diversos fatores que se relacionam ao modo como a mudança se configura. Foi observado, por exemplo, que a tendência em abrir um novo parágrafo aumenta consideravelmente em casos de mudança múltipla de parâmetros, ou seja, em casos em que dois ou mais parâmetros mudam simultaneamente.

O segundo fator que parece interferir na paragrafação diz respeito ao grau de detalhamento de um trecho em relação ao tópico geral do texto – o tópico discursivo. A ideia é de que haveria uma tendência em não isolar num parágrafo separado trechos que apresentam informação muito detalhada e que se relacionam de forma muito distante ou indireta ao tópico central. Por exemplo: num texto sobre a Europa, o escritor provavelmente não iria abrir um parágrafo para falar, digamos, sobre as produções artísticas italianas, mas iria preferivelmente englobar esse trecho junto ao subtópico "Itália", que está mais diretamente subordinado ao tópico central "Europa". Essa hipótese, no entanto, ainda não foi testada.

O último fator condicionante da paragrafação está ligado a um aspecto formal do texto: o tamanho do parágrafo. Parece que os autores tentam evitar parágrafos excessivamente longos (dividindo, portanto, trechos extensos que mantêm uma certa unidade de parâmetros) e tentam evitar também parágrafos muito curtos (agrupando num único parágrafo trechos que poderiam constituir sozinhos parágrafos curtos demais). Os parágrafos são assim redefinidos, tendo em vista uma função estética e/ou de facilitação do processamento da informação.

A teoria da paragrafação desenvolvida por Rehfeld confirma a ideia de que os parágrafos são construídos (pelo menos parcialmente) em torno de unidades de traços semânticos. A divisão de um texto em parágrafos funciona, para o leitor eficiente, como uma pista sinalizadora da estruturação do texto. Tudo indica que o leitor desenvolve uma estratégia de processamento que o leva a prever, nos pontos em que há mudança de parágrafo, uma ruptura na continuidade dos parâmetros, ou seja, uma quebra da uniformidade de um bloco de texto e o início consequente de uma nova unidade.

Portanto, uma divisão em parágrafos que corresponda às expectativas desse leitor eficiente, e que esteja de acordo com suas estratégias de leitura, deve certamente facilitar a compreensão do texto; inversamente, uma paragrafação malfeita, que não atenda às estratégias desse leitor e que contrarie suas previsões, pode comprometer a legibilidade do texto e dificultar a tarefa da leitura. Em outras palavras, o princípio é o seguinte:

Princípio geral sobre paragrafação: Para facilitar a leitura, a criação de um limite de parágrafo deve corresponder à estratégia de paragrafação internalizada pelo leitor, ou seja, deve funcionar como um elemento que denuncia a estruturação semântica, formal e discursiva do texto, e que evidencia as unidade em torno das quais um texto se organiza.

Observe-se que esse princípio é válido para leitores eficientes que já adquiriram a estratégia da paragrafação, mas não funciona para leitores iniciantes que ainda não têm internalizada tal estratégia. Queremos dizer que uma paragrafação adequada auxilia a leitura quando o leitor já aprendeu a ver no parágrafo uma pista importante sobre como as informações estão agrupadas, já aprendeu a extrair da organização em parágrafos informações a respeito da estruturação do texto, espera que o parágrafo constitua uma unidade no texto e prevê mudanças de parâmetros nos pontos onde há uma marca formal de limite de parágrafo.

Apesar de não atingir diretamente o leitor iniciante, o princípio geral sobre paragrafação apresenta implicações importantes com relação ao processo de *aprendizagem* da estratégia da paragrafação. Se, por um lado, uma paragrafação adequada facilita a leitura no caso de leitores eficientes, por outro lado uma paragrafação bem-feita também auxilia o leitor inexperiente, na medida em que lhe permite deduzir as bases da organização dos parágrafos e o leva a aprender e a internalizar a estratégia da paragrafação explicitada antes. Supomos, então, que uma maneira de levar os indivíduos a adquirir a estratégia da paragrafação é justamente colocá-los em contato com textos que apresentem uma divisão em parágrafos que reflita a estruturação semântica, formal e discursiva do texto, e que evidencie as unidades em torno das quais o texto é construído.

Essa sugestão, no entanto, não parece ser seguida por autores de textos destinados a leitores iniciantes: nesses textos os parágrafos são extremamente curtos, constituindo-se quase sempre de apenas uma sentença:

---

(20) A galinha nos ajuda a viver melhor.

Serve como alimento. É um recurso natural.

Renovável ou não-renovável?

Pense um pouco para responder:

Uma galinha põe ovos. Dos ovos nascem os pintinhos.

Os pintinhos transformam-se em novos galos e novas galinhas.

Logo, a galinha é um recurso natural renovável.

(Staifel, R. O.; Gowdak, D. *Ciências* nº 2 – 2ª série)

---

(21) [...] Ao partir para Portugal, D. João VI deixou aqui no Brasil seu filho D. Pedro.

Logo porém, o rei de Portugal queria que D. Pedro fosse embora do Brasil.

Os brasileiros não queriam que D. Pedro voltasse a Portugal.

Enviaram a D. Pedro uma mensagem com mais de 8.000 assinaturas, pedindo-lhe que ficasse no Brasil.

D. Pedro respondeu ao povo com a célebre frase:

"Como é para o bem de todos e felicidade geral da Nação, estou pronto; diga ao povo que fico!"

Esse dia (9/1/1822) foi chamado "Dia do Fico".

D. Pedro recebeu o título de "Defensor Perpétuo do Brasil".

(Xerox sem indicação de autor – 4ª série)

É possível que tal modelo de paragrafação seja motivado por alguma razão pedagógica, isto é, pode ser que um texto dividido em pequenas unidades tenha um aspecto visual mais agradável, menos "pesado", e portanto apresente uma maior motivação para o leitor. No entanto, não estamos considerando esse tipo de questão pedagógica. Não queremos, com isso, negar a sua importância; um estudo desses aspectos e de seu peso relativo na questão da legibilidade pode trazer contribuições interessantes ao estudo da leitura em geral.

Mas, independentemente de questões pedagógicas, poderíamos sugerir que os textos destinados a leitores iniciantes deveriam favorecer a aprendizagem e a sistematização da estratégia da paragrafação, apresentando uma divisão em parágrafos consoante com o princípio formulado anteriormente.

O princípio geral sobre paragrafação ainda deverá ser refinado para que consiga espelhar as motivações da paragrafação do texto didático de maneira mais definida, no que tange à sua relação com as condições de legibilidade dos textos didáticos. Porém, o atual estado da investigação não nos permite chegar mais longe, e não nos será possível detalhar mais precisamente o fenômeno da paragrafação enquanto o estudo dos textos narrativos, aqui relatado, não for estendido também aos dissertativos, que constituem a grande maioria dos textos didáticos. No entanto, acreditamos ter elementos que nos permitem fazer certas especulações e levantar alguns outros princípios. É o que veremos a seguir.

O tópico como elemento unificador do parágrafo

Os parâmetros que definem a organização dos parágrafos e os elementos que determinam a unidade de um trecho são provavelmente diferentes quando se consideram os textos narrativos e os não-narrativos. Mesmo assim, temos conclusões relevantes para a teoria da paragrafação em geral. Um dos pontos importantes é a observação de que os parágrafos bem construídos se organizam em torno de elementos que se mantêm constantes, uniformes – e que o leitor conhece essa regra de organização textual e espera que ela seja convenientemente aplicada.

Pois bem, sabemos que o tópico é o ponto em torno do qual as ideias são desenvolvidas – de onde se conclui que a manutenção do tópico é um elemento unificador de um trecho. A partir dessas observações, podemos concluir que a unidade de tópico deve ser um dos parâmetros que definem a estruturação de um texto em parágrafos.

O parágrafo deve estar construído, portanto, em torno de um tópico que lhe confira unidade. Supomos que uma mudança de parâmetros forte o suficiente para determinar um corte no texto, constituindo um limite de parágrafo, deverá implicar, em muitos casos, uma modificação ou um desdobramento dos subtópicos do texto. Um corolário dessa posição é que uma mudança de tópico discursivo deve ser sinalizada com a abertura de um novo parágrafo no texto. Essa conduta deverá, certamente, favorecer a legibilidade.

A partir do que foi dito, formulamos um novo princípio:

Princípio 5: Para facilitar a leitura, a paragrafação deve refletir a estrutura de tópicos do texto.

Exemplos de paragrafação ineficiente

Marcação de parágrafo desnecessário

Vamos agora aplicar o princípio 5 e tudo o mais que vimos sobre a teoria da paragrafação e a sua interferência na legibilidade, examinando exemplos extraídos de manuais didáticos.

Tomemos inicialmente o texto seguinte:

(22) O balantídio é um protozoário coberto de pelinhos, denominados *cílios*.
Por isso, ele é chamado de ciliado. Penetra no organismo humano sob a forma de cisto, juntamente com a água e verduras contaminadas. [...]
(Gowdak, D. *Nos domínios da Ciência* – 5ª série)

O que vemos aí, entre a primeira e a segunda sentenças, é um corte de parágrafo totalmente desnecessário: é indicada uma quebra formal no texto sem que a ela corresponda à introdução de um novo subtópico. Vemos que o tópico – "o balantídio" – se mantém constante; a segunda sentença (*Por isso, ele é chamado de ciliado*) fornece uma informação estreitamente ligada à sentença anterior: a primeira sentença exprime a causa do fato apontado na segunda. Nesse caso não se justifica, portanto, a criação de um novo parágrafo. Ao contrário, temos um forte motivo para manter unidas as duas sentenças no mesmo parágrafo: trata-se justamente do fato de haver uma relação estreita que vincula essas sentenças, configurando uma unidade de informação. Essa unidade deveria, portanto, ser representada pela estruturação de parágrafos. Assim, o texto visto teria sido organizado mais adequadamente se o autor tivesse mantido as duas sentenças iniciais no mesmo parágrafo.

O mesmo problema aparece no texto seguinte:

(23) A respiração nasal oferece outra vantagem: o muco produzido pela pituitária, além de filtrar o ar, também o aquece e assim chega até os pulmões.

Por essas razões, é desaconselhável a respiração pela boca. Respirando pela boca, o ar frio atinge os brônquios, irrita-os e facilita doenças pulmonares.

Em caso de excessiva produção de muco, é aconselhável o uso de lenços de papel absorvente.

Para que a ventilação dos pulmões seja perfeita [...].
(Gowdak, D. *Nos domínios da Ciência* – 5ª série)

O exemplo (23) também é permeado de parágrafos desnecessários (um para cada sentença), e a divisão apresentada promove cortes e separações de informações interdependentes que poderiam, preferivelmente, constituir uma unidade no texto. Observe-se que a primeira sentença exprime a causa da afirmação contida na segunda, e a terceira (*Respirando pela boca...*) oferece uma explicação para a afirmação da segunda sentença. A interligação lógica confere unidade ao trecho e oferece motivação para o agrupamento das três sentenças iniciais num mesmo bloco. Além disso, vale considerar ainda que as sentenças são todas muito curtas, o que não demandaria um recorte menor dentro do texto.

Já a quarta sentença (*Em caso de excessiva produção de muco...*) constitui adequadamente um novo parágrafo: não possui uma vinculação estreita com o que foi dito anteriormente no texto, e traz uma mudança com relação ao ponto de vista enfocado (no início foi topicalizada a respiração nasal, explicando a sua importância em contraposição à respiração pela boca; na quarta sentença, por outro lado, o foco é direcionado para "o excesso na produção de muco"). A quarta sentença possui, certamente, relação com as demais; mas já não há aqui um desdobramento lógico, como no início do texto. Além disso, a mudança de foco – ou a introdução de um novo subtópico – constitui uma mudança de parâmetro suficientemente forte para projetar, nesse ponto, uma mudança de parágrafo.

Vejamos outro exemplo:

---

(24) A partir dessa observação, você chega à conclusão de que a argila retém *água* e a areia não retém.

Um solo com mais de 30% de argila na sua composição é considerado *argiloso*.

Os solos desse tipo não são apropriados à agricultura porque retêm muita água.

Para as plantas se beneficiarem da água, é preciso que ela penetre no solo.

Um solo com mais de 70% de areia na sua composição é considerado *arenoso*.

Os solos desse tipo são secos porque são muito permeáveis à água.

No solo arenoso, como o dos desertos, a vegetação possui raízes profundas para conseguir a água.

(Gowdak, D. *Nos domínios da Ciência* – 5ª série)

As informações fornecidas em (24) estão completamente desorganizadas, o que prejudica enormemente a compreensão do texto. A divisão em parágrafos parece não ter nenhuma motivação lógica plausível, a não ser a separação de cada sentença do texto – o que, diga-se de passagem, não é função do parágrafo: para isso existe o ponto final. As informações que se referem ao mesmo assunto, que poderiam vir agrupadas num mesmo bloco dominado por um subtópico comum, aparecem, ao contrário, desconectadas. Veja-se em (25) uma reestruturação da paragrafação de (24), em que as informações são reunidas em torno de dois subtópicos: "o solo arenoso" e "o solo argiloso", além de um parágrafo introdutório que anuncia justamente os dois subtópicos que serão desenvolvidos no texto.

(25) A partir dessa observação, você chega à conclusão de que a argila retém água e a areia não retém.

Um solo com mais de 30% de argila na sua composição é considerado *argiloso*. Os solos desse tipo não são apropriados à agricultura porque não deixam passar muita água. Para as plantas se beneficiarem da água é preciso que ela penetre no solo.

Um solo com mais de 70% de areia na sua composição é considerado *arenoso*. Os solos desse tipo são secos porque são muito permeáveis à água. No solo arenoso, como o dos desertos, a vegetação possui raízes profundas para conseguir a água.

A reestruturação dos parágrafos proposta em (25) ainda não é ideal. Poderíamos melhorar a composição do texto, fazendo com que ele ganhasse em legibilidade, se incluíssemos uma "ponte" de informação depois da primeira sentença; essa ponte seria a seguinte: *E, dependendo da presença desses dois elementos, teremos dois tipos de solo: o argiloso e o arenoso*. Nesse caso, o texto poderia ser reestruturado como em (26) a seguir, em que o tópico do segundo e o do terceiro parágrafos aparecem marcados mais claramente no início de cada parágrafo.

(26) A partir dessa observação, você chega à conclusão de que a argila retém água e a areia não retém. E, dependendo da presença desses dois elementos, teremos dois tipos de solo: o argiloso e o arenoso.

O solo *argiloso* é aquele que contém mais de 30% de argila na sua composição. [...]

O solo *arenoso* é aquele que contém mais de 70% de areia na sua composição. [...]

Ausência de marcação de parágrafo em local adequado

Vamos examinar agora um caso em que aparece a situação inversa: a ausência da marcação de parágrafo num ponto onde isso seria conveniente, ou seja, onde a presença do parágrafo poderia evidenciar mais facilmente a estruturação do texto, facilitando assim a leitura.

(27) **Os Asteroides**

Estes corpos celestes, que variam em tamanho de alguns quilômetros a centenas de quilômetros de diâmetro, são pedaços irregulares de rocha que giram em torno do Sol. Estes corpos não possuem atmosfera.

A órbita da maioria dos asteroides se localiza entre Marte e Júpiter, formando o conhecido "Cinturão dos Asteroides". São mais de 50.000 os asteroides existentes no Sistema Solar. Como são muitos, existe a possibilidade da colisão entre eles e deles com os planetas.

(Renan, L.; Durzi, M.; Medeiros, R. *Apostila de Ciências* – 4ª série)

Supomos que o texto (27) apresentaria uma melhor organização se fosse marcado um limite de parágrafo entre a sentença que termina com a expressão *Cinturão de Asteroides* e a sentença seguinte, que se inicia com *São mais de 50.000 os asteroides...* O texto resultante seria o seguinte:

(28) **Os Asteroides**

Estes corpos celestes, que variam em tamanho de alguns quilômetros a centenas de quilômetros de diâmetro, são pedaços irregulares de rocha que giram em torno do Sol. Estes corpos não possuem atmosfera.

A órbita da maioria dos asteroides se localiza entre Marte e Júpiter, formando o conhecido "Cinturão dos Asteroides".

São mais de 50.000 os asteroides existentes no Sistema Solar. Como são muitos, existe a possibilidade da colisão entre eles e deles com os planetas.

Chamamos a atenção para o fato de que estamos reformulando em (28) apenas a estruturação em parágrafos, mantendo inalterado o restante do texto. Em todo esse trabalho procuramos promover alterações tão-somente naquele determinado aspecto que está sendo examinado no momento, deixando sempre inalterado o restante do texto, mesmo que apresente outros pontos que mereceriam reformulações. Procuramos, assim, focalizar e colocar em evidência um único aspecto de cada vez.

A nova marcação de parágrafos sugerida em (28) teria o efeito de evidenciar a organização do texto, estruturado em torno do tópico "asteroides" e de três subtópicos a ele subordinados, da seguinte forma: "os asteroides" – (1) definição; (2) órbita; e (3) número.

A criação de um parágrafo no início do terceiro subtópico – antes de *São mais de 50.000...* – facilitaria não somente a compreensão da organização textual e da sua divisão em subtópicos, como também poderia evitar uma interpretação inicial incorreta com relação ao número de asteroides: o leitor poderia supor que a quantidade mencionada remete ao número de asteroides do Cinturão de Asteroides, e não ao número total de asteroides do Sistema Solar. Explicando melhor: a união da terceira e da quarta sentenças num mesmo parágrafo, como feito no texto original (27), poderia levar o leitor, ao iniciar a leitura da quarta sentença, a levantar a hipótese de que seria mantida uma uniformidade do quadro de referência dessas sentenças (uma vez que não havia nenhum indício em contrário: nem uma informação explícita, nem uma sugestão através de um corte de parágrafo) e que o número de asteroides mencionado na quarta sentença deveria se referir ainda ao Cinturão de Asteroides, evocado na sentença anterior. Ao chegar ao final da quarta sentença, o leitor perceberia (talvez) a inadequação da sua hipótese inicial, e teria então de reformulá-la: agora o quadro de referências não é mais o Cinturão de Asteroides, mas todo o Sistema Solar. Todo esse processo dificultaria, certamente, a compreensão do texto.

Composição interna inadequada

Os textos podem apresentar uma marcação de parágrafos ineficiente não somente quando incluem diversos limites de parágrafos desnecessários, mas também quando deixam de abrir um parágrafo num ponto onde isto seria adequado. Além disso, a distribuição das informações nos parágrafos, que às vezes é apresentada de forma desorganizada e confusa, também pode comprometer a percepção da estrutura de tópicos do texto. Para demonstrar esse ponto, vamos tomar dois exemplos. O primeiro é o que se segue.

(29) **O Sol**

O Sol é o corpo central de nosso sistema [...].

O diâmetro do Sol é aproximadamente igual a 1.390.000 km. [...]

Como a Terra, o Sol também é envolvido por uma atmosfera gasosa. Na região central do Sol, chamada núcleo, é que é produzida toda energia que será emitida por ele. A temperatura neste núcleo chega a milhões de graus centígrados.

A camada que vem logo depois do núcleo é que é chamada região de radiação ou zona radioativa. É nesta região que a radiação proveniente do núcleo é transformada em raios X ou radiação ultravioleta. Estas radiações são transmitidas até a próxima camada, chamada zona convectiva.

É logo após a zona convectiva que começa o que chamamos atmosfera solar. Esta atmosfera é dividida em três camadas:
a) *fotosfera*: [...]
b) *cromosfera*: [...]
c) *coroa solar*.

(Renan, L.; Durzi, M.; Medeiros, R. *Apostila de Ciências* – 4ª série)

Podemos observar nesse exemplo que a referência à atmosfera do Sol é feita em dois pontos separados e distantes no texto: no início do terceiro parágrafo e no quinto parágrafo. Note-se ainda que a primeira informação a respeito da atmosfera solar destoa completamente do assunto abordado em todo o restante do terceiro parágrafo, que passa a focalizar uma outra camada do Sol, ou seja, o núcleo. A distribuição das informações no texto e a composição interna de cada parágrafo seriam certamente melhor organizadas se a primeira referência à atmosfera solar, feita no terceiro parágrafo, fosse daí retirada e transferida para o quinto parágrafo, que é o ponto do texto cujo tópico é justamente "a atmosfera solar". Procedendo dessa forma, haveria maior coerência interna de cada parágrafo e um agrupamento mais adequado das informações em torno dos tópicos focalizados. O texto (29) poderia então ser reformulado da maneira mostrada em (30) a seguir (a sentença deslocada está salientada com o negrito para melhor visualização da modificação proposta).

(30) **O Sol**

O Sol é o corpo central de nosso sistema [...].

O diâmetro do Sol é aproximadamente igual a 1.390.000 km.
[...]

Na região central do Sol, chamada núcleo, é que é produzida toda a energia que será emitida por ele. A temperatura nesse núcleo chega a milhões de graus centígrados.

A camada que vem logo depois do núcleo é que é chamada região de radiação ou zona radioativa. É nesta região que a radiação proveniente do núcleo é transformada em raios X ou radiação ultravioleta. Estas radiações são transmitidas até a próxima camada, chamada zona convectiva.

É logo após a zona convectiva que começa o que chamamos atmosfera solar. ***Como a Terra, o Sol também é envolvido por uma atmosfera gasosa***. Essa atmosfera é dividida em três camadas:
a) *fotosfera:* [...]
b) *cromosfera:* [...]
c) *coroa solar.*

Vimos nesse último bloco alguns exemplos de paragrafação de textos mal dimensionada: casos em que havia marcação de parágrafos em pontos onde isso não era conveniente; casos onde o corte de parágrafos seria adequado, mas apesar disso não aparecia sinalizado no texto; e casos onde a distribuição das ideias em parágrafos não se apresentava de forma organizada. Argumentamos que a inadequação verificada estaria ligada a uma falta de correspondência entre a divisão em parágrafos e a divisão em subtópicos apresentada pelo texto. Segundo o que sugere o princípio 3c, o tópico deve ser um parâmetro importante na determinação de limites de parágrafos de textos dissertativos, uma vez que é em torno dele que as ideias são estruturadas. A manutenção do tópico se constitui, assim, num elemento aglutinador do trecho, conferindo unidade e coerência ao parágrafo.

Quisemos deixar claro que, apesar de a paragrafação incluir um componente estilístico, a marcação dos limites de parágrafo não deve ser distribuída aleatoriamente pelo texto. Como vimos, existe motivação semântica, formal e discursiva para se determinar os pontos de mudança de parágrafo. A paragrafação tem uma função importante quanto à organização das informações e, se bem-feita, pode servir para o leitor como uma sinalização valiosa da estruturação do texto, auxiliando-o na leitura.

Elementos dados e anáfora

A visão tradicional

A anáfora tem sido definida tradicionalmente como um termo que retoma uma ideia já mencionada anteriormente no texto. Consideremos como exemplo as seguintes sentenças:

(1) Telefonei para um eletricista.
(2) Ele vem instalar o lustre amanhã.

A palavra *ele*, da sentença (2), é uma anáfora porque retoma uma ideia mencionada anteriormente, na sentença (1), através da expressão *um eletricista*.

Em geral, as expressões citadas como exemplos de anáforas são pronomes, que são expressões semanticamente polivalentes que podem se referir a uma ideia já citada no texto.

A essa noção tradicional de anáfora relaciona-se a noção de dêixis. Os termos dêiticos são aqueles usados para se fazer referência a elementos do contexto situacional, isto é, do ambiente em que uma conversação se dá. Por exemplo, o mesmo termo *ele* do exemplo anterior pode ser usado para se fazer referência a uma pessoa de quem não se falou anteriormente, mas que está presente no ambiente (e que, em geral, é apontada com um gesto qualquer pelo falante). Imagine-se uma situação em que um homem entra numa sala e o falante, ali presente, refere-se a ele pela primeira vez dizendo:

(3) Ele é meu irmão.

Em (3) o pronome *ele* é dêitico, porque remete a um elemento presente no contexto físico onde ocorre a conversação.

Um tratamento mais adequado do fenômeno seria falar em uso dêitico ou uso anafórico dos termos, porque as palavras usadas, num caso e no outro, são as mesmas. O próprio exemplo (3) mostra que um mesmo elemento pode ser usado de forma anafórica (isto é, relacionando-se a conceitos evocados pelo texto) e de forma dêitica (isto é, relacionando-se a elementos do contexto situacional).

Mais recentemente a anáfora e a dêixis têm sido estudadas não mais com o simples objetivo de classificar termos, que é como entendemos o estudo a que chamamos tradicional, mas visando a explicar características do discurso. Essa é uma abordagem funcional, isto é, que objetiva determinar em que grau, ou de que modo, os termos contribuem para o desenrolar da comunicação. Assim, por exemplo, Halliday e Hasan (1976) e Nash-Webber (1977) definem a anáfora como um elemento de coesão textual, ou seja, um dos elementos que possibilitam ao leitor (ou ouvinte) integrar as sentenças de um texto dando-lhe um sentido global. Assim também Chafe (1974, 1976) procura mostrar que o uso de termos anafóricos é decorrente de uma tentativa do falante (ou escritor) de adaptar o que ele está dizendo ao que ele considera que já está na mente de seu ouvinte (ou leitor). Mas Chafe não trata só da anáfora como também da dêixis; ele, de certa forma, juntou as duas noções quando propôs a existência da *consciousness*.

A noção de *consciousness*: elementos dados e novos

A *consciousness* foi proposta por Chafe (1974) como um estágio da memória humana, intermediário entre as chamadas Memória de Longo Prazo (MLP) e Memória de Curto Prazo (MCP). Como vimos no primeiro capítulo, a MLP é a parte da memória humana onde fica armazenado todo o conhecimento que se tem do mundo, e a MCP é a memória que retém muito poucos dados, na forma literal e por um brevíssimo espaço de tempo.

Vimos no capítulo "A utilização do conhecimento prévio" que a compreensão de textos é um processo que se baseia no conhecimento que o receptor já possui anteriormente. Então, o emissor adapta o que diz ao que ele presume que está na MLP de seu receptor. Por exemplo, imagine-se um contexto no qual não se justificaria o falante dizer *o cachorrinho é lindo* porque ele não poderia presumir que o ouvinte identificasse o cachorrinho de que estava falando. No mesmo contexto uma outra sentença, como *o cachorrinho que eu comprei pra dar pro seu filho de aniversário é lindo* seria adequada. Nesse caso, o falante estaria ajustando a forma de sua mensagem ao conhecimento do ouvinte.

Esse ajuste não se faz apenas em relação ao suposto conhecimento geral do ouvinte (presente na memória de longo prazo), mas também em relação à parte desse conhecimento que o falante presume que esteja sendo focalizada na mente do ouvinte *no momento da comunicação*. Essa parte da memória ativada na mente do receptor, que inclui aquilo sobre o qual ele está pensando, é o que Chafe chama de *consciousness*.

Em seu texto de 1974, Chafe faz uma comparação bastante elucidativa: imagine-se um facho de luz direcional que se movimenta num palco, iluminando uma pequena parte dele de cada vez. A totalidade do palco seria o conhecimento geral arquivado em nossa memória (na MLP); e a parte iluminada – que varia de tempos em tempos – seria a parte do conhecimento presente em nossa *consciousness*. A "focalização" dessa parte de material pode ser resultado de estímulos sensitivos, imagens relembradas ou imaginadas, abstrações, etc.

À informação presente na *consciousness*, Chafe chama *dada*:

> informação *dada* é aquela que o falante presume que está na "consciousness" do ouvinte no momento da comunicação. (Chafe, 1976: 30)

em oposição à informação *nova* que é definida como:

> o que o falante presume que está introduzindo na "consciousness" do ouvinte através do que diz. (idem, ibidem)

Vejamos então um exemplo de como o falante ajusta o que diz ao que ele presume que esteja na *consciousness* do ouvinte. Quando um falante diz:

(4) Vi seu irmão ontem.

ele supõe que provavelmente o ouvinte não está "pensando" no seu irmão naquele momento, isto é, o referente da expressão *seu irmão* não deve estar na *consciousness* do ouvinte. Por *referente* entendemos a ideia ou conceito presentes na mente do falante e que ele evoca na mente do ouvinte através de uma expressão (conforme mencionado no capítulo "A utilização do conhecimento prévio"). Note-se que o referente de *seu irmão* certamente faz parte do conhecimento geral arquivado na memória (MLP) do ouvinte. Mas ele só é trazido ao nível da *consciousness* através da expressão *seu irmão*. Por outro lado, se esse mesmo falante quiser, logo a seguir, referir-se novamente ao irmão do ouvinte, poderá usar uma sentença como (5):

(5) Ele estava saindo do cinema.

O uso do pronome *ele* – em lugar da expressão *seu irmão* – é possível porque esse referente ("seu irmão") ainda está na *consciousness* do ouvinte, tendo sido acionado através da sentença (4). Em outras palavras, a informação que o falante considera *dada* pode ser expressa de maneira reduzida, por exemplo através de um pronome, como *ele* de (5). Outra redução possível é a elipse, que representaremos com o símbolo Ø:

(6) Adorei o filme que está passando no shopping.
(7) Eu também gostei Ø.

O uso de expressões reduzidas para a informação *dada* é o mais frequente. No entanto, não é obrigatório. Por exemplo, no caso em que possa gerar ambiguidade, a redução é evitada:

(8) Encontrei o Paulo e o Fernando no cinema. Fazia meses que eu não o via. ⇒ ambíguo
(9) Encontrei o Paulo e o Fernando no cinema. Fazia meses que eu não via o Paulo. ⇒ não ambíguo

Os elementos reduzidos podem variar com relação ao preenchimento da sua matriz semântica, ou seja, com relação à quantidade de informação semântica que cada um possui. Por exemplo, o pronome *ele* inclui somente a seguinte informação: masculino e singular. Sua matriz semântica tem, então, os traços [+ masculino, + singular]. Já o pronome *lhe* tem na sua matriz semântica somente a especificação [+ singular]. O item reduzido que tem menos informação semântica é a elipse, que tem matriz semântica nula, isto é, não possui nenhum traço semântico.

Vimos, anteriormente, exemplos em que uma informação é considerada *dada* com base no contexto *linguístico* anterior. No entanto, o falante também pode se basear no contexto situacional. Se, por exemplo, um falante encontra um ouvinte numa festa olhando atentamente para uma mulher, ele pode presumir que o ouvinte está "pensando" nessa mulher (ou seja, que ele está com o referente dessa mulher na *consciousness*). E pode então referir-se a ela pela primeira vez através de uma sentença como:

(10) Eu não disse que ela viria?

Vemos portanto que a noção de item *dado*, apresentada por Chafe, engloba os elementos anafóricos e dêiticos – conforme definidos no início deste capítulo.

Resumindo então:

1. Elementos *dados* são aqueles que o falante presume que estejam na *consciousness* do ouvinte no momento da comunicação, e *novos* são aqueles que o falante acha que está introduzindo ali através do que diz.[1]
2. Para fazer sua avaliação sobre a condição de *dado* de um elemento, o falante pode se basear na presença desse elemento no contexto linguístico anterior ou no contexto situacional.

[1] Para uma discussão mais ampla com relação à oposição dado/novo veja-se Liberato, 1980.

3. Portanto, a noção de *elemento dado* engloba as noções tradicionais de anáfora e dêixis.
4. O falante trata de maneira diferenciada os elementos *dados* e os *novos* – usando *expressões reduzidas* para os *dados* (embora esse uso não seja obrigatório, conforme observamos).

Uma nova noção de anáfora

É preciso considerar que, respeitadas certas condições, também é possível usar expressões reduzidas para fazer referência a elementos não introduzidos anteriormente no discurso. Isso pode acontecer em duas circunstâncias especiais: (1) ou quando o falante supõe que o leitor ou ouvinte possa inferir o referente da anáfora, baseando-se no seu conhecimento prévio sobre o assunto e auxiliado pelas dicas que ele pode extrair do texto, ou (2) quando o referente é introduzido explicitamente no texto, só que depois do aparecimento da anáfora. Vamos exemplificar inicialmente o primeiro caso. Imagine-se que a sentença (11), a seguir, é emitida como início de uma conversação:

(11) Ela não quis me mostrar o projeto!

Nesse caso, o falante provavelmente não está presumindo que o referente de *ela* está na *consciousness* do ouvinte, mas que será facilmente identificado a partir da predicação da sentença e a partir do conhecimento anterior do ouvinte sobre quem é que poderia ser o agente de "não querer mostrar o projeto ao falante". O receptor então infere o referente de *ela* a partir do seu conhecimento prévio e das informações apresentadas na sentença.

O exemplo (12) a seguir ilustra um caso semelhante:

(12) Eu fui ver se o CD abria, porque eu não sabia se o negócio lá podia ler esse arquivo.

Palavras como *negócio*, *troço*, *coisa*, etc. são também expressões reduzidas,[2] uma vez que não descrevem o referente a que remetem, podendo – como os pronomes – ser usadas para vários referentes. Assim, temos em (12) a expressão reduzida *o negócio* sendo usada para um referente que não estava na *consciousness* do ouvinte, mas que é inferido como "computador" a partir da ligação que o ouvinte faz entre as informações do texto e o seu conhecimento anterior a respeito de CDs, arquivos e computadores.

Ocorre um outro caso de interpretação da expressão reduzida a partir de inferências quando são usados SNs definidos no contexto. Por exemplo:

[2] A esse respeito veja-se Fulgêncio, 1983, p. 24-28.

(13) Roberto alugou um apartamento muito bom. Só a cozinha é que é pequena.

No exemplo (13), o referente de *a cozinha* é específico, definido pelo contexto como "a cozinha do apartamento que Roberto alugou" – mas é descrito apenas reduzidamente como *a cozinha*. A compreensão de qual cozinha se está falando é feita com base numa inferência, e se apoia no conhecimento de mundo do leitor. Nesse caso, o leitor infere o referente da anáfora com o seguinte raciocínio: espera-se que apartamentos tenham cozinhas, portanto a cozinha em questão deve ser a do apartamento citado anteriormente.

A ligação entre os elementos mencionados no texto é estimulada por um princípio que Grice (1967) chamou "Cooperativo" (já mencionado no capítulo "A utilização do conhecimento prévio"): um acordo tácito entre falante e ouvinte segundo o qual o ouvinte parte sempre do pressuposto de que as sentenças que o falante está emitindo formam um todo coeso e coerente – um texto com significado global.

Chafe (1987), levando em consideração casos como esses, reestruturou as noções de *dado* e *novo*, acrescentando a categoria dos conceitos "semiativados", que são aqueles acionados indiretamente, a partir da focalização de um conceito central. São então os elementos que se relacionam a outros conceitos ativados na mente do leitor, ou seja, são os que fazem parte de um esquema cognitivo, como visto no capítulo "A utilização do conhecimento prévio". Segundo essa nova classificação, o item *a cozinha* de (13) (que está incluído no esquema cujo núcleo é "apartamento") é considerado semiativado a partir da ativação de *apartamento*, e por isso é possível fazer referência a ele através de um elemento reduzido.

Agora vamos examinar o segundo caso em que é possível usar um elemento reduzido (como um pronome ou uma elipse, por exemplo) para indicar um referente que ainda não apareceu explicitamente no texto. Esse caso pode ser exemplificado pela seguinte sentença:

(14) Para ∅ chegar à Terra, a luz do Sol demora alguns minutos.

O referente da elipse de (14) (indicada por ∅) é novo, isto é, só é introduzido posteriormente, através da expressão *a luz do Sol*. A esse tipo de redução chamamos *catáfora*: quando a expressão reduzida remete a um referente que será introduzido mais para frente no texto.

Vimos então que um elemento anafórico pode remeter a um referente que já foi mencionado, ou a um elemento presente na mente do receptor e que não apareceu explicitamente no texto (e que, portanto, foi inferido), ou ainda a um referente que ainda será mencionado posteriormente no discurso. Temos então uma noção de anáfora mais ampla que a tradicional, que engloba toda expressão reduzida cujo referente é identificado a partir de pistas do texto.[3]

A interpretação de anáforas e a legibilidade

A interpretação da anáfora pode ser um problema na leitura porque, sendo um elemento reduzido, tem sua interpretação (ou seja, a busca de seu referente) dependente de outras informações do texto. E é nessa busca de outras informações que podem surgir dificuldades que prejudicam a legibilidade. Se um texto contém anáforas transparentes, isto é, de referentes facilmente identificáveis, sua leitura prossegue sem problemas; caso contrário, se há anáforas pouco transparentes, a leitura pode ser atrasada ou até mesmo interrompida.

O problema da ambiguidade

Um problema importante para a interpretação da anáfora ocorre quando o seu significado é ambíguo, ou seja, quando a anáfora pode se referir a mais de um dos conceitos evocados pelo texto. Um exemplo desse tipo de dificuldade é encontrado na sentença a seguir:

(15) Encontrei a Elisa e o Edson no teatro e aproveitei o intervalo para falar-lhe do meu projeto.

A anáfora *lhe*, no caso, não é transparente o suficiente para que seu referente seja identificado inequivocamente, isto é, pode ter como referente "Elisa" ou "Edson", porque tem apenas o traço [+singular], que é aplicável tanto a "Elisa" quanto a "Edson". Acreditamos que, se o leitor não tem outras informações que o orientem na escolha (como, por exemplo, o conhecimento anterior de que o falante nunca falaria de seu projeto com a Elisa), ele terá uma dificuldade extra, ou gastando tempo na busca de outras pistas que o auxiliem na escolha correta do referente, ou então escolhendo um referente qualquer e correndo o risco de ter de refazer sua interpretação no caso de ter feito a escolha inadequada. Uma maneira de facilitar a leitura de (15) seria, então, escolher uma anáfora mais transparente, com mais informação sobre seu referente, como em (16), em que o traço [+masculino] elimina "Elisa" como referente possível:

[3] A respeito dessa nova noção de anáfora e do seu processo de interpretação veja-se Fulgêncio, 1983.

(16) Encontrei a Elisa e o Edson no teatro e aproveitei o intervalo para falar com *ele* do meu projeto.

A primeira dificuldade apresentada por anáforas pouco transparentes pode ser resumida no seguinte princípio:

> **Princípio 6:** Anáforas com matriz semântica pouco especificada e/ou que dependem de informação posterior do texto podem constituir dificuldade na leitura, ou mesmo um empecilho à compreensão.

Outro caso de ambiguidade ocorre no exemplo a seguir:[4]

(17) O professor entregou ao aluno a sua caneta. ⇒ ambíguo
(18) O professor entregou a sua caneta ao aluno. ⇒ não ambíguo

Em (17) o possessivo *sua* é ambíguo, porque pode remeter tanto ao "professor" quanto ao "aluno". A ambiguidade da anáfora pode ser resolvida trocando a ordem do sintagma *a sua caneta*, como sugerido em (18).

Outro exemplo de anáfora pouco transparente aparece neste texto:

(19) Protozoários são animais formados de uma só célula. Entre eles existem os perigosos por serem patogênicos, como, por exemplo, as entamebas. No organismo humano, ∅ causam disenteria com perda de sangue.
(Texto didático adaptado)

A anáfora da última sentença – a elipse antes de *causam* – tem matriz semântica pouco especificada (na verdade, nula) e é ambígua, isto é, pode se relacionar com "protozoários" ou com "entamebas". Para o leitor que já sabe que são as entamebas que causam disenteria com perda de sangue (isto é, já tem o conhecimento prévio que resolve a questão de qual é o referente da elipse), essa ambiguidade pode não apresentar problemas. Mas consideremos o leitor que está tentando adquirir essa informação justamente através desse texto. Se ele identificar o referente da anáfora como "protozoários", certamente obterá informação falsa do texto, já que nem todos os protozoários causam disenteria. E essa interpretação é possível justamente porque a elipse – que tem matriz semântica nula – não deixa pistas suficientes para remeter exclusivamente ao referente "entamebas". Essa interpretação é não só possível como também preferida,

[4] Os exemplos (17) e (18) são de Machado (inédito).

porque "protozoários" é o tópico do texto (o efeito do tópico sobre a interpretação de anáforas será discutido no próximo item). Estamos sugerindo que o texto ficaria mais fácil de ser compreendido, ou mais legível, se fosse reescrito como (20):

(20) Protozoários são animais formados de uma só célula. Entre eles existem os perigosos, por serem patogênicos, como, por exemplo, as entamebas. No organismo humano, *elas* causam disenteria com perda de sangue.

Em (20) temos uma anáfora com matriz semântica mais especificada: *elas* é feminino, o que impede seu relacionamento com "protozoários", que é masculino. O texto (20) é então mais fácil de ser compreendido do que o texto (19), porque o pronome *elas* (em lugar da elipse) dá indicações ao leitor para que ele identifique corretamente o referente da anáfora.

No entanto, pode acontecer de o leitor, ainda assim, desprezar essa marca formal e identificar a anáfora com o tópico "protozoários". Sobre esse assunto falaremos mais adiante no item "O efeito do tópico".

Muitas vezes a pista desambiguadora da anáfora não precisa estar em um dos traços de sua matriz semântica, mas em alguma informação posterior do texto. Comparem-se as sentenças a seguir, a título de exemplo:

(21) Levei o Paulo pra visitar o Fernando porque ele está precisando.
(22) Levei o Paulo pra visitar o Fernando porque ele está doente.

Acreditamos que (21) deve apresentar maior dificuldade de compreensão do que (22). Na primeira sentença, (21), o leitor pode atribuir a predicação "está precisando" tanto a "Paulo" quanto a "Fernando", ao passo que em (22) a predicação "está doente" deve ser relacionada com "Fernando". O leitor identifica, então, o referente da anáfora de (22) a partir da predicação a ela relacionada, além de se basear no conhecimento prévio – que ele já tem anteriormente armazenado na sua memória – de que normalmente doentes são visitados e não visitantes.

A situação na verdade pode se inverter, por exemplo, no caso de se saber que Fernando é médico e que estaria sendo visitado para examinar Paulo. De qualquer forma, mesmo nesse caso o leitor estaria se baseando na predicação da sentença e em seu conhecimento prévio – diferente do utilizado na outra interpretação de (22) –para identificar o referente da anáfora.

Essa observação final nos leva a considerar um outro problema relacionado com a interpretação de anáforas e que vamos explorar em outra seção deste capítulo: o uso de conhecimento prévio do leitor na interpretação das anáforas. Mas, antes de passar a esse ponto, vejamos um outro exemplo em que a pista que dissolve a ambiguidade da anáfora só aparece depois dela no texto:

(23) A Terra tem um satélite: a Lua. O seu diâmetro é aproximadamente um quarto do diâmetro terrestre e está localizado [sic] a 380.000 km de distância da Terra.

(Renan, L.; Durzi, M.; Medeiros, R. *Apostila de Ciências* – 4ª série)

Num primeiro momento, o leitor pode ficar em dúvida sobre como interpretar *o seu diâmetro* – se como o diâmetro da Lua ou da Terra. Essa dúvida só é resolvida posteriormente, quando o texto faz a comparação com o diâmetro terrestre, e se descobre que *seu* só pode se referir a "Lua" e não a "Terra". Mas se a pista relevante para a interpretação de uma anáfora só vem depois dela, aí teremos provavelmente uma dificuldade extra na leitura.

Sugerimos então que os textos contenham anáforas mais transparentes – com traços suficientes para a identificação de seus referentes e menos dependentes de informação posterior. A situação ideal é a de que os referentes das anáforas possam ser identificados imediata e inequivocamente.

O efeito do tópico

É preciso lembrar, no entanto, que o uso das anáforas sugerido anteriormente não é suficiente para garantir alto grau de legibilidade ao texto. Além, é claro, de outros fatores que podem dificultar a leitura, há ainda um problema relacionado com a interpretação de anáforas, que Perini (1982b: 36) resume no seguinte princípio:

Princípio 7: "O leitor tende a relacionar elementos anafóricos de uma passagem ao tópico dessa passagem, mesmo quando certos traços sintáticos ou morfológicos do texto o impediriam em princípio."

A noção de tópico considerada aqui é a mesma vista no capítulo "Tópico". Ou seja, o tópico discursivo é o elemento sobre o qual se espera que o texto forneça informações, é o seu assunto principal; e vem normalmente expresso numa posição de destaque: no título ou no início da primeira sentença. Por exemplo, se um texto tem o título (tópico) "Economia Europeia" espera-se obter, a partir de sua leitura, informações sobre a economia europeia (para uma discussão mais detalhada consulte-se o capítulo "Tópico").

Numa pesquisa preliminar, Perini observou que, se um texto contém uma anáfora ambígua, que pode se referir tanto ao tópico como a outro elemento qualquer, os leitores tenderão a relacionar essa anáfora com o tópico e não com qualquer outro elemento. Considere-se como exemplo a passagem a seguir, retirada de um manual didático:

(24) A Europa corresponde a 8% das terras emersas ou 11.400.000 km^2 de sua superfície.

Na realidade, as terras europeias estão ligadas à Ásia e mesmo à África, formando um conjunto de 83 milhões de quilômetros quadrados, conhecido por *Velho Mundo* ou *Antigo Continente*. Foi ali que apareceram os primeiros seres humanos, há mais de 500 mil anos.

(Castro, J. A. *Geografia*: Estudos Sociais – 8ª série)

O tópico desse texto é "Europa" – isto é, o leitor, ao iniciar a leitura desse texto, espera encontrar informações sobre a Europa. A anáfora *ali* é ambígua, podendo se relacionar com o tópico "Europa" ou com "Antigo Continente", que é a expressão que vem logo antes. No entanto, os leitores consultados relacionaram essa anáfora *ali* com o tópico "Europa" – o que os levou a uma informação errada: a raça humana não se originou na Europa, e sim em outra região do Antigo Continente (na África Oriental).

A explicação proposta para esse fenômeno é a seguinte: "a presença do tópico tem o efeito de estabelecer no leitor uma moldura mental que condiciona certos aspectos da interpretação de um texto ou de parte de um texto" (Perini, 1982b: 27). No caso que examinamos, o tópico condiciona a interpretação da anáfora; isso quer dizer que o leitor tende a identificar o referente de uma anáfora com o tópico daquele trecho.

É interessante que essa tendência parece tão forte que o leitor chega a desprezar informações que impediriam a interpretação relacionada ao tópico. Isso se observou num teste feito com alunos de 8ª série. Foram utilizados textos como os seguintes, nos quais foram usadas palavras inventadas como "pacunha" e "terâneo", para evitar que o conhecimento prévio pudesse interferir na interpretação:

(25) A pacunha é provavelmente a mais importante planta medicinal da Amazônia. Seus efeitos são conhecidos pelo menos desde o século XVIII. É útil em casos de reumatismo, tendo propriedades muito semelhantes às do terâneo, mas foi injustamente abandonada pela medicina moderna.

(26) A pacunha é provavelmente a mais importante planta medicinal da Amazônia. Seus efeitos são conhecidos pelo menos desde o século XVIII. É útil em casos de reumatismo, tendo propriedades muito semelhantes às do terâneo, que foi injustamente abandonado pela medicina moderna.

Cada aluno leu um dos textos durante 30 segundos; depois o texto foi removido e eles tiveram que responder a uma pergunta planejada de modo a elicitar os referentes das anáforas [a elipse antes de *foi* em (25) e o pronome *que* em (26)].

Como se pode observar, nos dois textos há marcas que apontam **inequivocamente** o referente das anáforas. Há, por exemplo, a concordância de gênero.

Em (25) o referente da anáfora só pode ser "a pacunha" – o tópico –, que é [+feminino] assim como "abandonada". Já em (26) o traço [-feminino] de "abandonado'" aponta "terâneo" – que não é tópico – e não "pacunha" como referente da anáfora. Além disso, temos ainda, no texto (26), uma marca sintática no pronome *que*: ele só pode ser relacionado ao SN imediatamente anterior – no caso, *terâneo*.

Apesar disso, tanto alunos que leram o texto (25) quanto os que leram (26) relacionaram a anáfora com o tópico. E apenas uma pequena porcentagem dos alunos que leram o texto (26) relacionou a anáfora com seu referente adequado – "terâneo". O que se observou, portanto, é que apenas um pequeno grupo dos alunos que leram o texto que contém uma anáfora que não se relaciona com o tópico chegou à interpretação correta. E que a maior parte dos alunos que interpretaram inadequadamente o texto o fez, provavelmente, ou pelo menos em parte, porque relacionou a anáfora com o tópico. Fraiha (1991) replicou esse mesmo teste, obtendo os mesmos resultados e confirmando, assim, a existência do efeito.

Concluímos, portanto, que um texto que contenha anáforas que não se refiram ao seu tópico pode ter sua legibilidade comprometida por uma identificação inadequada dos referentes dessas anáforas.

É interessante notar que pistas semântico-pragmáticas também podem ser desprezadas em função do efeito do tópico sobre a interpretação das anáforas. Considere-se, por exemplo, o texto didático a seguir:

(27) Ficou estabelecido que a França apoiaria o Piemonte numa guerra contra a Áustria se ela o atacasse.

(Xerox sem indicação de autor – 8ª série)

É possível que você que está lendo este texto tenha interpretado a anáfora *ela* de (27) como se referindo a "França" e não a "Áustria"; pelo menos é a tendência que verificamos entre várias pessoas consultadas. No entanto, o predicado *o atacasse* fornece uma pista semântico-pragmática bastante forte sobre o referente de *ela*: a França não poderia ao mesmo tempo apoiar e atacar o Piemonte; portanto, "França" não pode ser o referente de *ela*. No entanto, conforme dissemos, os leitores tendem a desprezar essa pista semântico-pragmática e a relacionar a anáfora com o tópico da passagem. Essa tendência pode fazer com que o leitor erre na identificação do referente da anáfora, ou então que se confunda e tenha de voltar atrás no texto, atrasando a leitura e interrompendo a fluência do processo, o que reduz a legibilidade do texto.

O autor deve ficar atento a essa tendência do leitor de relacionar as anáforas ao tópico do texto, e deve controlar objetivamente a transparência das anáforas e a possibilidade de interpretação inequívoca, para que esse problema não interfira na leitura fluente.

Nunca é demais lembrar que cada um dos fatores de dificuldade que apontamos não age independentemente. Uma característica qualquer de um texto que constitua dificuldade em potencial pode ser compensada por outro aspecto facilitador. Assim, por exemplo, nem toda anáfora não relacionada com o tópico deve necessariamente constituir dificuldade na leitura.

Convém lembrar ainda que o conhecimento prévio sobre o assunto relatado é capaz de dissolver qualquer ambiguidade. No exemplo (27), se o leitor tem conhecimentos sobre história geral e sobre a situação relatada em particular, interpretará com facilidade o pronome *ela*. Quem sabe por antecedência que é a Áustria (e não a França) que poderia atacar o Piemonte não terá nenhuma dúvida em relacionar o pronome *ela* à Áustria. É certo que o conhecimento prévio é o fator mais relevante para a legibilidade de um texto. Seu efeito é tão forte que pode suplantar e resolver qualquer outra dificuldade de ordem sintática ou semântica.

Voltemos, agora, à questão da utilização do conhecimento prévio do leitor na interpretação das anáforas.

A utilização do conhecimento prévio do leitor

Conforme vimos anteriormente, muitas vezes o leitor tem de lançar mão de um conhecimento armazenado em sua memória de longo prazo, seja para decidir entre vários candidatos a referentes de uma anáfora (cf. seção "O problema da ambiguidade"), seja para inferir um referente que não aparece descrito explicitamente no texto, mas apenas através de uma anáfora (cf. seção "Uma nova noção de anáfora").

Retomemos o exemplo (13):

(13) Roberto alugou um apartamento muito bom. Só a cozinha é que é pequena.

Estamos considerando a expressão *a cozinha* anafórica, porque ela é reduzida (reduzida de algo como *a cozinha do apartamento que Roberto alugou* – que seria uma "expressão descritiva plena"); e porque a identificação de seu referente depende de informações retiradas de outros elementos do texto, isto é, o referente de *a cozinha* só é identificado a partir da ativação do esquema de "apartamento". Mas, é claro, o referente de *a cozinha* não está na sentença anterior; o que encontramos aí é uma informação (de que "Roberto alugou um apartamento") que, somada a um conhecimento prévio de que "apartamentos normalmente têm cozinhas", nos leva a identificar o referente da anáfora – por inferência.

O conhecimento prévio necessário à interpretação da anáfora de (13) provavelmente está presente na MLP de qualquer leitor e, portanto, anáforas cuja interpretação depende desse tipo de conhecimento não devem constituir fator de dificuldade de leitura. No entanto, os manuais didáticos disponíveis frequentemente exigem do aluno conhecimentos prévios que ele, com certeza, não possui. E isso ocorre não apenas no processo de interpretação de anáforas, como também na interpretação de todo o texto, como visto no capítulo "A utilização do conhecimento prévio". O problema pode ser resumido no princípio 8:

> **Princípio 8:** Anáforas cuja interpretação depende de inferências baseadas em conhecimento prévio que o leitor não possui constituem fator de dificuldade na leitura.

O texto a seguir, retirado de um manual de 3ª série, exemplifica esse caso:

(28) **Uma refeição equilibrada**

Um carro, para se movimentar, precisa de combustível que lhe forneça energia.

É a gasolina ou o álcool que, ao combinar-se com o oxigênio do ar, faz o motor do carro funcionar.

O mesmo acontece com o nosso organismo.

Nos alimentos encontramos os nutrientes de que precisamos para conservar a saúde e manter a vida.

No interior dos órgãos há contínua e lenta combustão de nutrientes que fornecem energia. Esta energia mantém a máquina humana em funcionamento.

(Staifel, R.; Gowdak, D. *Ciências* – 3ª série)

Esse texto contém uma anáfora – *o mesmo* – cuja interpretação depende de conhecimento que o leitor, provavelmente, não tem armazenado previamente na sua memória.

Para interpretar adequadamente a anáfora *o mesmo*, o leitor deverá compreender que o processo de combinação da gasolina ou do álcool com o oxigênio é uma metáfora para a combustão que ocorre no organismo humano, e não uma comparação literal com um processo idêntico. Se o leitor não tem o conhecimento prévio de que os alimentos são metabolizados no organismo, ele poderia entender no início do texto que *o mesmo* que acontece com o nosso organismo é que o combustível que precisamos para nos movimentar é a gasolina ou álcool que se combina com o oxigênio, fornecendo energia. Mas, na verdade, é pouco provável que alguém que saiba ler interprete o texto dessa maneira: o seu conhecimento prévio deve incluir a informação de que seres humanos não costumam beber gasolina ou álcool (de carro, pelo menos). Baseado então nesse conhecimento, o leitor fará uma inferência e provavelmente concluirá que a semelhança entre o carro e o organismo humano reside apenas no fato de que ambos precisam de energia para se movimentar. Mas, naturalmente, não é só isso que se espera que o leitor apreenda do texto. Para compreender plenamente a comparação feita, o leitor deverá entender que tanto no carro quanto no corpo humano ocorre o processo de combustão. Para tanto, o leitor deverá compreender que o trecho "*a gasolina ou o álcool se combinam com o oxigênio do ar*" refere-se ao processo de combustão. Só assim ele conseguirá perceber o paralelo entre o carro e o corpo humano na sua totalidade e interpretar adequadamente a anáfora: *o mesmo* = "necessidade de energia, necessidade de elementos que forneçam energia e queima desses elementos". Vê-se então que, no caso, a informação que o texto deveria fornecer ao aluno inclui o mesmo conhecimento prévio necessário à sua compreensão.

Obviamente, um texto dessa natureza não ajuda muito no aprendizado e deve, portanto, ser aperfeiçoado. Pode-se, por exemplo, substituir a anáfora *o mesmo* por uma expressão não reduzida, como em (29):

(29) [...] Esse processo de combinação de combustível com o oxigênio – chamado combustão – também acontece no nosso organismo: os nutrientes que ingerimos também sofrem combustão, gerando energia para o corpo. [...]

Esse texto poderia ser ainda melhorado em outros aspectos. Destacamos aqui apenas o problema relacionado à anáfora.

Conhecimento de classes e seus membros

Esperamos que tenha ficado claro que não estamos propondo que o texto forneça toda a informação necessária à sua interpretação, isto é, que a sua interpretação independa de conhecimento prévio. Ao contrário, acreditamos que isso é impossível: a nossa compreensão, não só de textos, mas da realidade como um todo, está condicionada à nossa experiência anterior. O que propomos é que os textos sejam adequados ao conhecimento prévio do aluno; que a sua compreensão não pressuponha conhecimento que o aluno não possui.

Vale a pena observar agora a utilização de um tipo particular de conhecimento prévio, também relacionado com a anáfora. É o caso em que a anáfora ou seu antecedente (isto é, a expressão linguística usada anteriormente para evocar o referente da anáfora) se refere a um membro do conjunto denotado pelo outro. Em outras palavras, um desses elementos (a anáfora, por exemplo) é a classe, e o outro (o antecedente da anáfora, por exemplo) é um membro dessa classe. Tomemos como exemplo o par de sentenças seguinte:

(30) Um ônibus vinha descendo a ladeira.
(31) De repente o veículo perdeu os freios e capotou.

Para interpretar a sentença (31) o leitor tem que fazer uma inferência, lançando mão do conhecimento de que "veículo é uma classe da qual ônibus é um membro", e daí supor que o *veículo* de (31) é o *ônibus* de (30).

Observe-se que o arranjo contrário, isto é, primeiro a classe e depois o membro dessa classe, também é possível, embora menos frequente:

(32) Um veículo vinha descendo a ladeira.
(33) De repente o ônibus perdeu os freios e capotou.

Pesquisas psicolinguísticas têm mostrado que o tempo que se gasta para interpretar anáforas desse tipo é variável. Ele depende da natureza da relação entre a classe e o elemento particular. Alguns elementos são mais típicos de uma classe que outros; por exemplo, "pardal" é um elemento mais típico da classe de "pássaros" do que "urubu". Em outras palavras, quando se pensa em pássaros, pensa-se mais frequentemente em "pardais" do que em "urubus". Usando os termos de Wilkins (1971), "pardal" tem uma *alta frequência conjunta* com "pássaro", enquanto "urubu" tem uma *baixa frequência conjunta* com "pássaro".

Garrod e Sanford (1978) realizaram um experimento que parece mostrar que, se um leitor precisa recuperar da sua memória de longo prazo informação sobre classes e seus membros ao fazer uma inferência para interpretar uma anáfora, então o processo será mais lento se o par classe/membro tem uma baixa frequência conjunta.

Podemos então formular o seguinte princípio:

Princípio 9: Se um texto contém uma anáfora que mantém com seu antecedente uma relação de baixa frequência conjunta, sua legibilidade será prejudicada.

Em outras palavras: se um texto contém uma anáfora cujo referente é um membro da classe denotada pelo antecedente dessa anáfora, ou vice-versa, a sua leitura será tão mais rápida quanto mais típico da classe for o elemento. E, como vimos no primeiro capítulo, a rapidez na leitura relaciona-se diretamente com a facilidade de compreensão do texto.

Comparem-se, a título de exemplo, as seguintes sentenças:

(34) Um ônibus apontou atrás da montanha. De repente, o veículo explodiu.
(35) Um tanque apontou atrás da montanha. De repente, o veículo explodiu.

O texto (34) deve ser mais rapidamente integrado – e portanto mais legível – do que o texto (35), porque (34) apresenta uma alta frequência conjunta entre os referentes da anáfora *o veículo* e seu antecedente *um ônibus*, ao contrário de (35), que apresenta baixa frequência conjunta entre *o veículo* e *um tanque*.

Além disso, a ordem entre classe e membro também parece interferir na legibilidade. Sanford e Garrod (1981:12) sugerem igualmente que os textos são mais facilmente compreendidos se o elemento específico (o membro) vem antes do genérico (a classe). Por exemplo:

(34) Um ônibus apontou atrás da montanha. De repente, o veículo explodiu.

é mais legível que

(36) Um veículo apontou atrás da montanha. De repente, o ônibus explodiu.

Isso nos leva ao seguinte princípio:

Princípio 10: textos que incluem elementos correferentes apresentados na ordem específico-genérico são mais facilmente compreendidos do que aqueles onde a ordem de apresentação é genérico-específico.

Elementos dados não marcados como tais

Dissemos, na introdução deste capítulo, que os elementos dados (isto é, que já estão na *consciousness* do leitor) são normalmente veiculados através de expressões reduzidas. Esse é um recurso utilizado tanto pelo escritor ao construir textos quanto pelo leitor ao interpretá-los. Assim, quando um leitor depara com um elemento reduzido, ele procura relacioná-lo com outro já ocorrido no texto, estabelecendo uma relação de correferência entre eles. Por outro lado, se o leitor encontra uma expressão não reduzida, ele imagina que o seu referente seja *novo*, isto é, que esteja sendo introduzido pela primeira vez. É de se esperar, portanto, que elementos dados não marcados como tais (isto é, elementos dados expressos através de formas não reduzidas) constituam um problema na leitura, uma vez que, não havendo marca da condição de *dado*, o leitor poderá deixar de estabelecer relações de correferência necessárias à compreensão do texto. Vejamos, como exemplo, o texto a seguir:

(37) Durante o governo Sarney, o presidente do Congresso Nacional foi eleito com uma pequena margem de votos. Quando o presidente Sarney viajou ao Japão, Paes de Andrade assumiu interinamente a presidência da República.

O relacionamento que se deve fazer entre *Paes de Andrade* e *o presidente do Congresso Nacional* não é definido claramente, isto é, a identidade de referência desses itens não está indicada univocamente. Em (37), o item *Paes de Andrade* é dado (isto é, remete ao mesmo referente de *o presidente do Congresso Nacional* já citado no discurso imediatamente anterior), mas não é marcado claramente como tal, isto é, *Paes de Andrade* não é uma expressão reduzida. Para se interpretar esse texto com segurança seria preciso ter certos conhecimentos prévios a respeito da história e do sistema político brasileiro.

Sem esse conhecimento prévio, o leitor poderá somente supor uma possível relação de identidade entre *Paes de Andrade* e *o presidente do Congresso Nacional*, ou poderá pensar que as duas expressões têm referentes distintos, o que, naturalmente, levaria a uma má interpretação do texto. Acreditamos então que, se o autor não puder ter certeza de que seu leitor tem o conhecimento prévio necessário à compreensão do texto (37), será mais interessante reescrevê-lo utilizando uma elipse ou um pronome no lugar da expressão *Paes de Andrade*, marcando assim que se trata de um elemento dado:

(38) Durante o governo Sarney, o presidente do Congresso Nacional foi eleito com uma pequena margem de votos. Quando o presidente Sarney viajou ao Japão, ele assumiu interinamente a presidência da República.

Uma versão ainda melhor do texto eliminaria a possibilidade de relacionar a anáfora *ele* com o *presidente Sarney*:

(39) Durante o governo Sarney, o presidente do Congresso Nacional foi eleito com uma pequena margem de votos. Ele assumiu interinamente a presidência da República quando o presidente Sarney viajou ao Japão.

Uma outra possibilidade seria indicar no texto o nome do *presidente do Congresso Nacional*, no caso de essa informação ser importante. Nesse caso, o texto ficaria mais legível se as expressões aparecessem de forma contígua (como um aposto), o que facilitaria a compreensão da identidade de referência:

(40) Durante o governo Sarney, o presidente do Congresso Nacional, Paes de Andrade, foi eleito com uma pequena margem de votos. Ele assumiu interinamente a presidência da República quando o presidente Sarney viajou ao Japão.

Chegamos então ao princípio seguinte:

Princípio 11: Elementos dados não marcados como tais podem constituir um fator de dificuldade na leitura.

Uma outra possibilidade de reformulação do texto (35), melhorando a sua legibilidade, consiste na repetição *ipsis litteris* da mesma expressão *o presidente do Congresso Nacional* na segunda ocorrência do mesmo referente. Por exemplo:

(41) Durante o governo Sarney, o presidente do Congresso Nacional foi eleito com uma pequena margem de votos. Quando o presidente Sarney viajou ao Japão, o presidente do Congresso Nacional assumiu interinamente a presidência da República.

No entanto, a repetição de expressões é uma prática geralmente condenada na elaboração de textos. É um conceito bastante difundido (mesmo que questionável) que a repetição reiterada de um mesmo SN caracterizaria pobreza de estilo. Por isso, quando não é conveniente retomar um referente através de um pronome ou uma elipse (por motivos diversos, como, por exemplo, por questão de ambiguidade), geralmente o autor tem a tendência de evitar a repetição do mesmo SN já citado, substituindo-o por um sinônimo. Segundo a tradição, o emprego desse sintagma diferente – mas que tem referente dado – além de não "pesar" o estilo com repetições, teria a vantagem de ser mais informativo, isto é, de acrescentar outras noções a respeito do referente mencionado. Foi provavelmente por essa razão que a expressão *o presidente do Congresso Nacional* foi substituída por *Paes de Andrade* na segunda ocorrência do mesmo referente no exemplo (37).

Se, por um lado, a ideia de evitar a repetição da mesma expressão pode ter motivações de ordem estilística e informacional, por outro lado não há dúvida de que o uso de expressões diferentes para o mesmo referente pode interferir negativamente na legibilidade textual. A substituição de um nome por outro, na tentativa de evitar a repetição, pode dificultar o estabelecimento da correferência entre os termos.

Um dado interessante é que, em textos legais, é altamente desaconselhado o emprego de sinônimos para o mesmo referente; a técnica legislativa manda repetir o mesmo termo sempre que se tratar do mesmo referente.

Se o leitor não tem o conhecimento prévio que ajuda a relacionar expressões sinônimas que remetem ao mesmo indivíduo, a leitura será prejudicada. Vejamos a esse respeito o texto jornalístico (42):

(42) **A hora da verdade**

Atlético X Cruzeiro, às 16h, no Mineirão, e América X Ipatinga às 18h, no Independência, abrem hoje as semifinais e iniciam a briga pelo título do Campeonato Mineiro. [...]

Em jogos decisivos, não há favoritismo. Até o time celeste, que joga por dois resultados iguais, não abre mão do esquema ofensivo diante do Galo. O Coelho tem pela frente o Tigre, o único invicto e que também joga por resultados iguais.

Para evitar a repetição dos nomes dos times *Atlético*, *Cruzeiro*, *América* e *Ipatinga*, o autor preferiu substituí-los por *time celeste*, *Galo*, *Coelho* e *Tigre*. Mas quem não é aficionado por futebol e não conhece o codinome dos times, pode ficar confuso e não conseguir relacionar adequadamente os nomes de mesmo referente, e assim não compreender o segundo parágrafo do texto. Ao evitar a repetição, o jornalista pode ter criado um problema de compreensão para os leitores do texto.

Vejamos mais um exemplo, retirado de um texto para a 1ª série do ensino fundamental:

(43) **Aspectos Característicos dos Seres Inanimados e dos Seres Vivos**

Os seres vivos nascem, crescem, respiram, alimentam-se, locomovem-se e dão origem a outros seres vivos.

Os seres inanimados não respiram, não alimentam, não nascem, não morrem, não se locomovem e não dão origem a outros seres brutos.

(Xerox sem indicação de autor – *Colégio Pitágoras* – 1ª série)

O emprego das palavras sinônimas *brutos* e *inanimados*, sem dúvida, enriquece o texto. Mas, com certeza, dificulta a tarefa do leitor caso ele não conheça, de antemão, o significado dos dois termos – o que aliás é o mais provável, uma vez que são conceitos que o texto está justamente tentando explicitar.

Não estamos querendo dizer que o uso de palavras sinônimas deva ser totalmente evitado. No caso de o leitor conhecer os dois termos, seu uso pode funcionar positivamente. Mas se o leitor não possui esse conhecimento prévio, a compreensão do texto, que depende do estabelecimento de correferência entre as palavras, será sem dúvida dificultada.

Vamos agora examinar um caso em que há a repetição literal da mesma expressão. Vejamos o texto didático a seguir:

(44) **A Terra: onde vivemos**

Nós vivemos no planeta Terra.

A Terra gira em torno do Sol e dele recebe luz e calor.
[...]

A Terra possui dois polos: polo Norte e polo Sul.

A maior parte da Terra é coberta por água.
[...]

A Terra é envolvida por uma camada gasosa chamada atmosfera.

(Xerox sem indicação de autor)

Observamos que em (44) a expressão *a Terra* é repetida várias vezes, em lugar de ser substituída por uma forma reduzida a partir da sua segunda ocorrência (o que indicaria a sua condição de item dado). Por um lado, essa repetição pode ser considerada tediosa. Por outro lado, repetir a mesma forma pode contribuir para a identificação do elemento como "dado". O leitor reconhece a "silhueta" do SN armazenada na sua memória a partir da recorrência da mesma *forma visual*. É possível que, além de conceitos, a *consciousness* armazene também a forma de SNs que, quando encontrados uma segunda vez no texto, seriam imediatamente reconhecidos e interpretados: o processamento do SN repetido seria mais rápido, dispensando uma decodificação mais detalhada de suas partes. E se um SN é reconhecido como já citado no texto, seu referente é aceito como dado, pois teria sido introduzido na *consciousness* juntamente com o SN, na sua primeira ocorrência.

Mary Kato chama a esse processamento imediato do SN de "reconhecimento instantâneo":

> [...] o reconhecimento instantâneo [de um sintagma] pode se dar se tal sintagma e seu conteúdo semântico estiverem presentes no estado de consciência [= *consciousness*] do leitor. (Kato, 1982:15)

Em Kato (1982) encontramos a seguinte descrição das duas possibilidades de interpretação de SNs dados:

> Assim sendo, o reconhecimento instantâneo dos sintagmas recorrentes no texto dar-se-á ou porque o leitor encontra novamente um bloco, anteriormente lido e interpretado ou porque o conteúdo semântico (o CONCEPT) [= o referente] da expressão encontra-se no seu estado de consciência [= *consciousness*] [...]. (p.15)

A repetição literal de um SN seria então uma outra maneira de marcar a condição de *dado* do referente, apesar de não se tratar de uma expressão reduzida. Assim, a repetição de uma expressão com a mesma forma também é um recurso que permite ao leitor estabelecer a correferência entre os elementos citados no texto, e portanto não prejudica a legibilidade.

Catáforas

Um dos tipos de relação entre elementos de mesmo referente é a catáfora, que como vimos é uma expressão reduzida que remete a um referente que será introduzido posteriormente no texto. Por exemplo, em (45),

(45) Para Ø efetuar uma volta completa em torno do Sol, a Terra demora 365 dias e algumas horas.

(Renan, L.; Durzi, M.; Medeiros, R. *Apostila de Ciências* – 4ª série)

o sujeito de *efetuar* sofreu redução total (elipse) e seu referente só é identificado mais adiante no texto. Temos aí então uma catáfora.

O uso de catáforas pode dificultar a integração imediata das informações, comprometendo a leitura, uma vez que a compreensão do significado da catáfora não é possível no exato momento da percepção: na presença de catáforas, a compreensão imediata é bloqueada, e a interpretação é mantida em suspenso. O item reduzido tem de ser guardado na memória de curto prazo até que o seu referente apareça no texto, e assim seja possível entender a qual conceito a catáfora se refere. Essa sobrecarga da MCP implica um maior trabalho por parte do leitor, e portanto uma maior dificuldade na leitura do texto.

Temos então o seguinte princípio:

Princípio 12: A presença de catáforas pode dificultar a compreensão dos textos.

A presença de catáfora em textos didáticos é bastante frequente. Vejamos alguns exemplos, retirados de diferentes manuais:

(46) Ø Cortando o território soviético, estendem-se pelas planícies alguns dos maiores rios da Terra.

(Castro, J. A. *Geografia*: Estudos Sociais – 8ª série)

(47) Apesar de Ø ter sido proclamada por um português, a Independência do Brasil provocou reações contrárias em algumas províncias brasileiras, nas quais as autoridades eram ainda representadas por portugueses.

(Nadai, E.; Neves, J. *História do Brasil* nº 2 – 6ª série)

(48) Ø Observando esse movimento aparente do Sol, os antigos perceberam que o tempo que ele demora para voltar a "passar" por um mesmo lugar ou por um mesmo meridiano determina um dia.

(Adas, M., *Geografia* – vol. 1 – 5ª série)

(49) Embora Ø seja um pequeno país, a Suíça coloca-se entre os mais desenvolvidos do mundo.

(Azevedo, G. E.; Santos, F. M. *Panorama do Mundo* nº 2 – 6ª série)

As catáforas dos exemplos podem não constituir problema, uma vez que sua interpretação parece não ser atrasada a ponto de sobrecarregar excessivamente a MCP.

A dificuldade de interpretação das catáforas, e portanto o prejuízo para a legibilidade, será tanto maior quanto mais distante ela estiver de seu referente. Um texto como (50) a seguir certamente apresenta dificuldade para a leitura:

(50) Ø Começando na Europa Oriental e se estendendo até as margens do Pacífico, na Ásia; do mar Glacial Ártico até as elevações dos maciços da Ásia Central, a ***União das Repúblicas Socialistas Soviéticas*** é o mais extenso país da Terra.

(Castro, J. A. *Geografia*: Estudos Sociais – 8ª série)

O texto (50) poderia ser compreendido com muito mais facilidade se fosse reestruturado de forma a abolir a catáfora, como na versão (51):

(51) A ***União das Repúblicas Socialistas Soviéticas*** é o mais extenso país da Terra. Começa na Europa Oriental e se estende até as margens do Pacífico, na Ásia; do mar Glacial Ártico até as elevações dos maciços da Ásia Central.

Vimos neste capítulo que um dos problemas mais importantes para a compreensão dos textos consiste na dificuldade na identificação do referente das anáforas. Quanto mais rapidamente o leitor puder entender a qual conceito se refere a anáfora, e quanto menor dúvida houver na atribuição do significado, mais legível será a passagem. Sugerimos então que o autor procure usar anáforas transparentes, que remetam ao seu referente de forma imediata e inequívoca.

Vocabulário

Uma condição essencial para que seja eficaz o processo da comunicação (oral ou escrita) é a de que o código utilizado seja partilhado entre os interlocutores, isto é, tanto o emissor quanto o receptor devem conhecer e saber interpretar as regras que compõem o código utilizado na transmissão da mensagem.

Com relação à comunicação linguística, o código utilizado – a língua – inclui vários componentes, como a sintaxe, a fonologia, etc. Um desses componentes do código linguístico é o léxico, formado pelo vocabulário da língua. Portanto, o conhecimento das palavras empregadas na composição de um texto é fundamental para o sucesso da decodificação e da interpretação do material lido.

Vamos tratar nesta seção da importância da seleção do vocabulário na elaboração de textos escritos e da relevância desse fator para a legibilidade.

De que é composto o léxico da língua

Normalmente pensamos que o vocabulário é formado pelas palavras que compõem a língua, mais os seus significados. Seria então uma espécie de "dicionário mental". Isso não deixa de ser verdade, mas é uma simplificação. Conhecer uma palavra não é somente conhecer a sua forma (sonora ou gráfica) e os seus significados. O nosso vocabulário mental – que chamamos de "léxico" – inclui muito mais do que palavras isoladas. Na verdade, inclui muitas outras informações memorizadas.

Além de palavras isoladas, muitas vezes memorizamos **grupos** de palavras. Por exemplo, há objetos aos quais nos referimos por uma expressão com mais de uma palavra, como *ar condicionado, água sanitária, corpo docente* ou *meio ambiente*. Temos na nossa memória também fórmulas fixas, como *bom dia* (e não "boa manhã"), *com licença, de nada* e tantas outras fórmulas de cortesia. Há ainda as expressões idiomáticas como *pagar o pato, passar desta para melhor* ou *maria vai com as outras*; há também frases feitas, como *antes tarde do que nunca* ou *vai ver se eu estou na esquina*. Alguns itens combinam bem com outros, de uma forma particular: dizemos que uma pessoa é *podre de rica*, mas não "podre de pobre", ou qualquer coisa semelhante; dizemos que duas pessoas *brigam feito cão e gato*, mas não dizemos que "brigam feito gato e cão". Esses são exemplos que mostram que o número de informações memorizadas no nosso vocabulário mental é bem maior do que a lista de palavras isoladas. Por isso incluímos na noção que nomeamos "vocabulário da língua" não somente palavras isoladas, mas também expressões maiores como as citadas, que são armazenadas como unidades no léxico.

Memorizamos também construções convencionais que são preferidas pelos falantes. Há várias maneiras de se dizer a mesma coisa, mas umas são mais frequentes do que outras. Para exemplificar esse fato, Pawley & Syder (1983:196) mencionaram a situação em que uma pessoa vai pedir a mão de outra em casamento. Nesse caso, geralmente se diz "Você quer casar comigo?" Essa é a frase padrão, e é isso que se diz nesse contexto, embora a língua permita várias outras possibilidades que nunca são realizadas, como:

– Você quer vir a ser casada comigo?
– Nosso casamento é desejado por você?

Essas frases também são teoricamente possíveis e gramaticalmente bem construídas, mas não são usadas. Isso mostra que existem estruturas preferidas, que tendem a ser empregadas com mais frequência. Na verdade, a língua é formada por um número muito maior de convencionalidades e de grupos de palavras memorizadas em bloco do que se poderia imaginar a princípio.

O léxico contém ainda várias outras informações memorizadas, como os morfemas da língua (como o morfema *-mento*, que relaciona *casar/casamento, acontecer/acontecimento*), noções morfológicas (por exemplo, qual é o plural de uma palavra), informações sintáticas (como a classe gramatical de uma palavra), restrições de combinação de itens (por exemplo, sabemos que podemos *tomar um comprimido*, mas não podemos **tomar uma pizza*), exigências no uso das preposições (em português podemos *contar com* uma pessoa, mas não podemos **contar sobre* uma pessoa, como seria a tradução literal da mesma expressão no inglês, no francês ou no italiano), as aceitações do verbo com relação a seus complementos, e ainda vários outros dados idiossincráticos. Por aí já se vê a importância do léxico e a grande quantidade de informações sobre as palavras que temos na nossa memória.

Como resultado, o léxico não é formado somente de uma lista de palavras com seus significados; inclui também expressões fixas ou sequências de palavras memorizadas, além do conhecimento dos morfemas e de várias outras informações sobre as palavras. Vê-se assim que o léxico é bastante mais complexo e mais carregado de informações do que qualquer dicionário tradicional da língua.

As informações lexicais são usadas também para a inferência do significado de outras palavras da mesma família. Por exemplo, mesmo sem conhecer um item como *gelatinoide* é possível tirar alguma informação ao relacionar essa palavra com *gelatina*. Segundo Perfetti (1985: 47), pesquisas comprovam a ideia de que as famílias de palavras são classes psicologicamente reais. Além disso, Nagy et al. (*apud* Nation, 2001: 47) descobriram que, para falantes nativos, a velocidade de reconhecimento de uma palavra está relacionada à frequência da família da palavra, e não somente à frequência só daquela única palavra.

O vocabulário desconhecido diminui a velocidade de leitura e interfere na fluência e no fluxo de obtenção de informação. Ao usar uma palavra ou expressão já conhecida, o autor está ativando na mente do leitor as informações relacionadas a esse estímulo, que são usadas para conectar as partes do texto, tanto do ponto de vista estrutural quanto semântico. Essa ativação de informações permite ao leitor montar a "paisagem mental" do texto, ou seja, o significado global. Inversamente, ao usar uma palavra desconhecida, o escritor cria uma dificuldade na montagem do significado, o que certamente interfere na legibilidade do texto.

Estudos de Hu e Nation (*apud* Nation, 2001: 147) evidenciaram uma nítida relação entre compreensão de texto e de vocabulário, verificando que a compreensão do texto melhora na medida em que aumenta o número de palavras conhecidas. Se o texto apresenta 95% de palavras conhecidas, alguns leitores compreendem o texto, mas muitos não adquirem adequada compreensão; se a porcentagem é de 90% de palavras conhecidas, somente um pequeno grupo de pessoas consegue compreender o texto; e no nível de 80% de vocabulário conhecido, nenhum leitor consegue compreender o texto. Hu e Nation concluíram que, para garantir a compreensão, um texto deve conter por volta de 98% de palavras conhecidas. Carver (1994: 432, *apud* Nation, 2001: 148) acrescenta ainda que um texto apropriado, ou seja, não considerado difícil, contém somente 1% ou menos de palavras desconhecidas.

Os mecanismos de decodificação das palavras e de obtenção de informação

Já que vamos tratar do uso do vocabulário e de como a escolha dos itens léxicos pode interferir na leitura, convém lembrar, de início, que a percepção visual integral de cada palavra do texto escrito não é imprescindível para se chegar ao significado. Como vimos no primeiro capítulo, muitas vezes o leitor chega à identificação imediata desse sentido sem passar anteriormente pela identificação particularizada de cada símbolo gráfico, usando a informação visual somente de forma parcial.

Já comentamos anteriormente que há dois mecanismos que operam no reconhecimento e na compreensão das palavras. O primeiro – que tem o nome inglês *bottom-up* – é o que se apoia na identificação dos sinais gráficos para chegar à identificação do item. É o que funciona quando vamos ler o nome de um remédio que nunca vimos antes: temos de compor o nome do produto a partir da montagem de letra por letra, silabando cada pedacinho. Esse processamento *bottom-up* baseia-se fundamentalmente na informação visual e na identificação das linhas e ângulos que compõem os sinais gráficos. Por isso, é bastante lento.

O segundo mecanismo – chamado *top-down* – é o que se apoia no contexto e no conhecimento prévio para a identificação das palavras e para a obtenção da informação. Por exemplo: se o texto fala sobre a Segunda Guerra Mundial e vemos a palavra *bomba*, nem precisamos ler o item inteiro "*bomba atômica*", porque podemos ativar o mecanismo *top-down* e compreender imediatamente do que se trata, sem fazer uso de uma decodificação de todos os sinais gráficos.

Uma outra comprovação da atuação do mecanismo *top-dowm* é dada pela maior facilidade de identificação de uma palavra quando está inserida num contexto. Por exemplo, vamos imaginar uma palavra escrita com falha de impressão, como no exemplo a seguir:

niscina

É um pouco difícil entender do que se trata. Mas essa mesma forma pode ser lida com mais rapidez e maior facilidade se está inserida num contexto, digamos, como o de um clube onde uma pessoa vai nadar. A frase onde aparece o termo graficamente imperfeito é a seguinte:

(1) A Ju só percebeu que a água estava gelada quando mergulhou na niscina.

A leitura fica mais fácil nesse caso, porque o leitor pode utilizar as informações que tem sobre a situação e assim fica menos dependente da identificação dos sinais gráficos. Esse exemplo demonstra como o contexto linguístico pode ajudar na interpretação da forma, bem como do significado das palavras.

Para compreender melhor como opera o mecanismo *top-down*, vamos retomar e ampliar algumas noções discutidas no capítulo "Um modelo de descrição de leitura". Vimos que, quando o indivíduo lê, ele não procura captar e interpretar todos os estímulos visuais – e se ele não faz isso é porque não é necessário para a compreensão. O que acontece é que o leitor não precisa de toda a informação visual, já que pode prever parte dela e também inferir conhecimentos não explícitos no texto. O objetivo do leitor não é o de decodificar cada símbolo visual de forma pormenorizada; o que o leitor faz é procurar pistas para chegar ao significado.

É o conhecimento prévio sobre a língua, sobre o mundo e em especial sobre o assunto do texto que permite ao leitor fazer deduções, reduzir o número de palavras viáveis em cada contexto e prever imediatamente o significado, prescindindo da decodificação pormenorizada de cada detalhe visual (o que constituiria um processamento *bottom-up*). Acontece constantemente de o leitor operar de modo inverso, utilizando o significado já obtido para facilitar o processo de identificação das palavras seguintes (ativando, inversamente, um processamento *top-down*).

À medida que lê, o indivíduo constrói uma representação mental do texto, como se estivesse montando o enredo de uma cena. Os conceitos evocados pelas palavras são ativados na memória, e o leitor vai elaborando uma espécie de paisagem mental da situação; essa ativação se espraia, se dissemina, e acaba atingindo também outros termos semanticamente relacionados à situação evocada. Como vimos no capítulo "A utilização do conhecimento prévio", a menção a uma palavra focaliza na mente do receptor não somente o referente dessa palavra, mas também ativa de modo indireto todo o esquema cognitivo, ou seja, toda a rede de conceitos que se ligam ao conceito evocado primariamente. É essa ativação do esquema cognitivo que gera expectativas, favorece os mecanismos de previsão e permite que o leitor identifique com mais facilidade e rapidez outras palavras do texto, sem ficar totalmente preso na decodificação de cada símbolo gráfico.

Richaudeau (1987: 177) lembra que

> [o processo de leitura] é **probabilista:** em certos casos, o leitor 'pré-verá' exatamente a palavra que ainda virá. [...] Quanto mais elevado é o coeficiente de previsão, mais rápida é a percepção das palavras, pois se converte num controle simples e fugaz. (*Grifo nosso*)

Quanto mais o texto é compreensível e semanticamente harmonioso, mais fácil se torna estabelecer expectativas, que facilitam a depreensão da informação que aparece logo a seguir, agilizando a leitura.

Por outro lado, é preciso ressaltar que o processamento *bottom-up* (que se apoia no processamento dos sinais gráficos) é igualmente indispensável e contínuo, atuando todo o tempo, mesmo se de forma não muito minuciosa. É a informação visual que guia o leitor dentro do texto e o impede de fantasiar.

O acesso a uma palavra na memória é portanto o resultado desses dois mecanismos que atuam em conjunto: a identificação dos símbolos gráficos e a evocação de informações ativadas pelo contexto semântico.

A importância da compreensão dos itens lexicais

Através desse modelo de captação de informação na leitura é possível perceber como pode ser prejudicial para o leitor o uso de vocabulário raro ou desconhecido: se o termo não é previsível, sua forma e seu significado não podem ser rapidamente captados pelo processamento *top-down*; o leitor fica refém do processamento gráfico, soletrando a palavra na busca de informação visual que lhe permita identificar o item. Isso atrasa a leitura e prejudica a compreensão. Prova disso é o fato de que a incidência de fixações aumenta nos pontos onde o texto é de compreensão mais difícil.

Se uma palavra é desconhecida, não somente ela própria não pode ser prevista, mas também as próximas não poderão ser antecipadas. Se o leitor não conhece o significado de um termo importante para a montagem da paisagem mental e não consegue compor um sentido que lhe permita ativar o processamento *top-down*, então não será capaz de levantar expectativas e não conseguirá prever o que virá a seguir. Caímos assim num círculo vicioso: se não captamos o sentido de um trecho, ficamos presos à informação visual; mas se o material visual não nos auxilia na construção do sentido, já que o vocabulário é desconhecido, também não conseguimos compreender, e consequentemente não podemos fazer previsões e ler com fluência. Sem a compreensão do vocabulário, ou pelo menos de um número significativo de palavras que permita a elaboração do sentido, mesmo que delineado em linhas gerais, todo o processo de leitura se desmantela.

O uso de palavras raras, mesmo que conhecidas, também é prejudicial à legibilidade, na medida em que provoca uma duração de fixação mais longa do que em palavras frequentes, atrasando a fluência da leitura. Isso reflete a maior demanda cognitiva para o acesso lexical, isto é, uma maior dificuldade para encontrar na memória a representação mental da palavra.[1]

Resumindo o que vimos, temos então que, se o texto inclui vocabulário desconhecido, fica mais difícil montar uma representação mental do texto. Portanto, daí para a frente o leitor será menos capaz de prever e ler com rapidez e fluência. E se é grande o acúmulo de termos desconhecidos, cada vez mais se torna impossível a montagem do significado do texto. O leitor fica cada vez mais dependente da decodificação dos sinais gráficos, já que um contexto incompreensível não o ajuda a formular previsões e expectativas. A leitura perde em velocidade e a paisagem mental do texto se torna imprecisa. Em casos de textos repletos de vocabulário desconhecido e de construções de sentido obscuro, o resultado final é desastroso: depois de grande

[1] A esse respeito, veja-se Perfetti, 1985, capítulo 2.

esforço cognitivo na tentativa da montagem do sentido, o leitor acaba se rendendo à conclusão de que não entendeu grande coisa.

Casos em que a escolha do vocabulário pode dificultar a leitura

Se o leitor desconhece o significado de certas palavras importantes para a apreensão do sentido do texto, ou se o vocabulário empregado é vago e impreciso, ou então se as palavras do texto estão estruturadas de maneira obscura, o leitor não conseguirá usar o material visual para obter informações.

Daí decorre que, apesar de o sucesso da leitura depender de tantos e tão variados fatores, a compreensão do vocabulário pode ser considerada uma condição primordial, uma vez que subjaz a todos os demais processos de obtenção e de integração das informações (como, por exemplo, o estabelecimento de referências e de relações de coesão, a formulação de previsões, de expectativas, de inferências, etc.).

Kleiman (1989a:191) afirma que

> A investigação de fatores determinantes da compreensão de textos no contexto escolar identifica, dentre os fatores que crucialmente contribuem para o sucesso na leitura, o conhecimento do vocabulário.

Todos nós já passamos pela experiência desagradável de ler um texto repleto de palavras desconhecidas, ou cheio de palavras de significado vago e obscuro, e sabemos bem a sensação de incapacidade de compreensão, de frustração e de falta de prazer na leitura que um texto desse tipo nos causa.

O entulhamento de itens desconhecidos

Tendo estabelecido a importância do vocabulário para a tarefa da leitura, podemos então partir para o princípio inicial:

> **Princípio 13:** Um texto com alto índice de termos desconhecidos impossibilita a obtenção do significado.

O entulhamento de itens desconhecidos acontece sobretudo em algumas áreas profissionais. Costuma-se criticar a incompreensibilidade do "economês", do "juridiquês", e de outros falares herméticos. Como alguns acreditam que o uso de palavras raras é indicativo de erudição, algumas vezes os autores privilegiam o estilo pomposo, empolado e incompreensível em detrimento da legibilidade. Vejamos a seguir um exemplo desse caso, veiculado na internet.

(2) O pronunciamento fósmeo lançado no instante correcional não merece remessa ao caruncho do esquecimento. Urge superar a vesânia e obsessão de possança, inscrevendo nos fastos da comarca o reproche do saber, pois descabe ao sufete capiau contar a palinódia. Agiu impulsionado por sentimento de prebeligerância, incompatível com o caracter instrutório que deve racionalizar toda fiscalização de segmento orgânico de juízo. A produção corretiva aluiu a segurança do feito, insinuou o boléu intelectual do magistrado autóctone e constitui um pálio-cúmulo na imaculada e luzente abóbada da Corregedoria Geral da Justiça. Seria convenível, dês que a postura admoestatória refugisse no altar inviolável da inteligência, deixar a prebenda sem ripostar. O Corregedor Auxiliar da Justiça, lugar funcional de anuviosa constitucionalidade e que arrosta a garantia da instância, extrapolou os contérminos hieráticos da tarefa delegada. Desgarrou da lhaneza, tropeçando na jactanciosidade de operar a mutação do labor zeloso e irrespondível do alvazil da província. Procedente a hipótese de subversão do rito de sumário para comum, efetivada a fase especial, a senda alongada, tal acimada na achega pretoriana, não configuraria eiva fulminatória (fenece nulidade incorrendo prejuízo). [...]

Itapioca, 27 de novembro de 1986.

(Trecho de despacho do Processo nº 344/85 do Poder Judiciário do Ceará, *apud* Machado, inédito)

Por incrível que possa parecer, a construção de textos entulhados de vocabulário pouco conhecido é, às vezes, intencional e desejada pelo autor. A manipulação de textos com vistas à incompreensão parece um absurdo, já que a função básica da linguagem é justamente o oposto, ou seja, comunicar. No entanto, esse procedimento aparece frequentemente em alguns textos como, por exemplo, naqueles de caráter burocrático, praticamente impenetráveis para o leigo. Mendonça (1987: 23), em seu estudo sobre a simplificação de textos administrativos, comenta que:

> Alguns estudiosos da linguagem têm, do burocratês, uma opinião nada lisonjeira. Chamam-no de "linguagem dupla" ('*doublespeak*'): [...] "linguagem distorcida, falada ou escrita por políticos, burocratas e outras figuras públicas". É empregada "para fazer as mentiras soarem como verdadeiras e dar ao vento a aparência sólida". Essa linguagem dupla (ou dúbia?) é usada para "dizer uma coisa e significar outra" e para livrar o falante/redator da responsabilidade do que foi dito/escrito.
>
> O efeito desse tipo de linguagem sobre os ouvintes/leitores é o de fazê-los sentirem-se inferiores, por não compreenderem vocábulos vazios de sentido, por não poderem decifrar construções voluntariamente complexificadas.

E ainda, em outro trecho, observa que:

> Afinal, quem compra uma casa ou um terreno, quem adquire uma apólice de seguro para sua família não só gosta, mas tem o direito de saber o que diz o documento que está assinando. Quem lê estatutos e regulamentos o faz porque está interessado em saber como esses papéis se relacionarão com o leitor. Quem consulta um manual de instruções necessita de explicações sobre um assunto qualquer. Quem perde uma causa na justiça, recebe parecer contrário de um procurador ou tem um requerimento indeferido tem o direito de compreender por que suas pretensões foram negadas.
> Mas isso não acontece geralmente. Por que tais papéis não podem ser escritos numa linguagem simples? (p. 9)

Em textos didáticos não deveria ser admissível o uso de linguagem pouco transparente, uma vez que se trata de um texto informativo por excelência, cujo objetivo maior é ser compreendido. Nesse caso, dada a função e os objetivos do texto didático, o autor tem a responsabilidade de procurar a clareza a todo custo. Esse princípio, no entanto, nem sempre é observado, como se vê no exemplo a seguir, em que o acúmulo de palavras desconhecidas torna o texto incompreensível:

(3) Cor induzida: é a coloração acidental de que se tinge uma cor sob a influência de uma cor indutora. Nessa indução reside a essência da beleza cromática.
(Xerox sem indicação de autor – 5ª série)

Além do uso de vocabulário pouco comum, os termos no exemplo (3) são empregados de forma imprecisa e circular, tornando o texto indecifrável.

Um caso especial: o uso intencional da vaguidão e de vocabulário obscuro

Nem sempre um autor escreve para ser entendido. Em algumas áreas de estudo existe um certo prestígio do texto hermético, recheado de vocabulário vago, impreciso, empolado, com termos campanudos e de significação dúbia. Algumas vezes os autores utilizam esse recurso para impressionar o leitor incauto e esconder na incompreensibilidade do texto a sua falta de conteúdo.

Muitos autores selecionam o vocabulário a ser empregado não com base em critérios de clareza, precisão, objetividade e adequação. Ao contrário, muitos valorizam o vocabulário obscuro, hermético e incompreensível. É o chamado "falar difícil". Acreditam ser elegante, símbolo de erudição e de *status* intelectual usar num texto não-literário palavras raras e preciosas, além de construções extremamente vagas e imprecisas, de onde não se consegue depreender grande coisa.

Certos autores promovem contorcionismos verbais, criam neologismos, propõem conceitos obscuros e indefinidos, e acabam construindo um estilo empolado e impenetrável. Usam a língua não para transmitir uma informação, mas para confundir e impressionar.

Felizmente não encontramos esse tipo de ilegibilidade em textos didáticos para as séries iniciais. Mas é fácil encontrar essa construção em textos destinados a estudiosos adultos. No entanto, mesmo leitores maduros não conseguem depreender o sentido desse tipo de texto propositalmente obscuro, como exemplificado em (4):

(4) Podemos ver claramente que não existe nenhuma correspondência biunívoca entre elos lineares significantes ou de arquiescritura, que dependa do autor, e esta catálise maquínica multirreferencial, multidimensional. A simetria de escala, a transversalidade, o caráter *pático* não-discursivo de sua expansão: todas essas dimensões nos removem da lógica do meio excluído e nos fortalecem em nossa renúncia ao binarismo ontológico que havíamos criticado previamente. Uma montagem maquínica, através de seus diversos componentes, extrai sua consistência da travessia dos limiares ontológicos, limiares de irreversibilidade não-lineares, limiares ontológicos e filogenéticos, limiares criativos de heterogênese e *autopoiese*. É a noção de escala que aqui conviria alargar para considerar as simetrias fractais em termos ontológicos.

(Guattari, 1992, p. 76-79, *apud* Sokal e Bricmont, 1999, p. 166)

O uso proposital de vocabulário pouco claro, vago, impreciso, inconsistente, raro ou obscuro é usado como forma de intimidar o leitor e de torná-lo pouco crítico. Se não se compreende o que o autor quis dizer, também não se pode discutir, criticar ou duvidar de suas ideias. Um texto assim construído cria no leitor uma falsa impressão de elegância e erudição. O leitor, pego na trama armada pelo emaranhado da linguagem gerado pelo rebuscamento e pela vaguidão do vocabulário, crê que o texto – que ele não compreendeu – seja realmente profundo, importante, interessante e inteligente. O efeito no leitor é de paralisação crítica, e de admiração e respeito por um texto que parece incluir uma complexidade de raciocínio e dizer coisas que estão além da sua capacidade de compreensão. Esse efeito de obscurecimento da linguagem é resultado do acúmulo de termos técnicos, de neologismos, do uso de palavras pouco comuns, e sobretudo do emprego de termos vagos, de construções complexas e de conceitos imprecisos.

Baldini (1989:12, 13 e 18) faz os seguintes comentários:

Há pessoas que, diante de um discurso claro permanecem completamente indiferentes, mas se vocês lhes disserem que "a nível de estruturas profundas e de correlatos epistêmicos neurologicamente saturados subsiste a necessitação semiótica do condicionamento remático do translinguístico", nestas pessoas os olhos brilham e elas olham para vocês com entusiasmo, mesmo se não compreendem – aliás, justamente porque não compreendem.

[...] Palavras difíceis, termos propriamente e impropriamente científicos, vocábulos com aura especializada, cultos, *à la page*, assinalam para o ouvinte que o discurso vem do alto, de uma fonte superior, de um *expert*.

> [...] Os discursos obscuros possuem, como já vimos, um poder de fascínio, um prestígio não comum. Não somente eles obtêm, como escreveu Locke, a admiração dos ignorantes e dos idiotas que tomam como uma sabedoria profunda tudo aquilo que não compreendem, mas também a dos que são dotados de um bom título de estudo.

As observações feitas nos levam ao seguinte princípio:

> **Princípio 14:** O uso de vocabulário vago e rebuscado na construção de um discurso obscuro prejudica a compreensão dos textos.

Textos que valorizam a forma da escrita e não só o conteúdo informativo, apresentando vocabulário erudito, pouco preciso e efeitos na construção do discurso são comuns na área da literatura, sobretudo em poesias. Essa é uma característica típica e exclusiva do estilo literário, sendo utilizada intencionalmente, com objetivo específico de criação de efeitos estilísticos. Mas convém observar que a literatura é um gênero diferente do que focalizamos aqui. Insistimos novamente que não tratamos de textos literários, e que as observações aqui apresentadas referem-se a textos informativos ou científicos.

No entanto, deve-se lembrar que os estudos e artigos de crítica literária ou de outras áreas humanísticas não são, em absoluto, textos literários. Então, se são textos informativos, deveriam estar atentos à clareza e à precisão na transmissão dos dados, o que nem sempre acontece – como se viu no exemplo (4). O que se observa, muitas vezes, é uma confusão de gêneros, de forma que textos informativos são escritos como se fossem literários, o que, além de configurar uma inadequação quanto ao gênero discursivo, compromete a legibilidade dos textos e a transmissão da informação. Esse assunto será focalizado no capítulo "Efeito do gênero textual".

O uso eventual de léxico desconhecido

Vimos nas seções anteriores que, quando o número de termos desconhecidos é muito grande, o leitor não tem onde se agarrar e a possibilidade de inferir o significado é bloqueada, o que leva à incompreensão total do texto.

Uma possibilidade diferente é o texto incluir somente algumas poucas palavras de significado desconhecido para o leitor. Em alguns casos, isso pode não representar um grande problema para a compreensão, já que o leitor pode inferir o significado a partir de pistas fornecidas pelo contexto linguístico e por meio do conhecimento prévio. Mas a legibilidade pode ficar prejudicada quando o leitor encontra alguma palavra que não consegue interpretar e encaixar na montagem do sentido. A dificuldade de compreensão é especialmente grave quando se trata de um item-chave, ou seja, alguma palavra que centraliza informação importante para o estabelecimento da coerência do discurso. O princípio é o seguinte:

Princípio 15: O uso de palavras desconhecidas para o leitor, ainda que em pequeno número, interfere negativamente na legibilidade do texto.

Quando nos referimos a "palavras desconhecidas" queremos dizer que tanto a forma do item lexical quanto o conceito por ele veiculado podem ser desconhecidos para o leitor. Usando a terminologia de Saussure (1916), diríamos que o leitor pode desconhecer ou o **significante** (a forma) ou o **significado** (o conceito). Examinaremos portanto casos em que o leitor desconhece ou o significante, ou o significado, ou ambos.

Conceito conhecido, mas forma desconhecida

Consideremos o exemplo a seguir. Marcaremos com o negrito as palavras que supomos que possam trazer problemas para o leitor e que serão objeto de análise neste capítulo.

---

(5) As disenterias (não diga desinteria, que é errado!) são doenças provocadas por **microrganismos** que atacam os intestinos, ocasionando cólicas e diarreias.

(Soares, J. L. *O Corpo Humano:* Saúde – Ensino Fundamental)

No exemplo (5) imaginamos que o leitor talvez desconheça a palavra *microrganismo*, mas provavelmente conhece a palavra *micróbio*, que remete a um conceito semelhante. Pode ser que o significado de *microrganismo* esteja associado na sua memória a um significante diferente (isto é, a uma palavra diferente). Nesse caso o conceito seria conhecido, mas a forma lexical que o representa seria outra. O texto (5) seria então mais facilmente compreensível se o autor tivesse usado, em vez de *microrganismos*, o nome *micróbios*, que é mais popular (e igualmente correto) e, por isso, com maiores chances de ser interpretado com facilidade pelo leitor.

A utilização de uma forma nova para um conceito já conhecido acontece também quando o autor inclui no texto elementos dados não-marcados, isto é, quando usa expressões diferentes para remeter ao mesmo referente (veja-se a esse respeito o capítulo "Elementos dados e anáfora"). Na maioria das vezes os autores são levados a usar expressões sinônimas para se referirem a elementos dados por questões de estilo (isto é, para não repetirem a mesma palavra usada anteriormente) ou por razões didáticas (porque desejam fornecer sinônimos para que os alunos possam aumentar o seu vocabulário, por exemplo). O texto a seguir (já visto anteriormente) ilustra esse caso:

---

(6) Os seres vivos nascem, crescem, respiram, alimentam-se, locomovem-se e dão origem a outros seres vivos.

Os seres inanimados não respiram, não alimentam, não nascem, não morrem, não se locomovem e não dão origem a outros seres **brutos**.

(Xerox sem indicação de autor – 1ª série)

Para não repetir a expressão *seres inanimados* e também para apresentar uma outra nomenclatura possível, o autor repete o conceito com outra forma: *seres brutos*. Essa expressão remete a um conceito dado – já que o seu referente está presente na *consciousness* do leitor – mas essa condição não está marcada, porque não se trata de uma expressão reduzida (cf. capítulo "Elementos dados e anáfora"). Se o leitor não conhece antecipadamente o significado de *seres brutos* (que é o que supomos, já que o texto pretende justamente mostrar a diferença entre "seres vivos" e "seres brutos"), pode ter dificuldade em estabelecer a correferência entre *seres inanimados* e *seres brutos*. O texto ficaria mais legível se a forma *seres inanimados* fosse repetida, ou se o texto fosse reescrito da seguinte forma, onde a sinonímia é indicada claramente.

(7) [...]
Os seres inanimados não respiram, não se alimentam, não nascem, não morrem, não se locomovem e não dão origem a outros seres inanimados. Esses seres são também chamados seres brutos.

O emprego de sinônimos aparece também no texto seguinte:

(8) Além da ação do calor do Sol e das águas das chuvas, os ventos e os seres vivos, aos poucos, também contribuíram para decompor as rochas.

Começou, assim, a formação do solo, a camada mais superficial da crosta terrestre.

Ao produto final da **desagregação** das rochas vieram se juntar, através dos tempos, restos de plantas e de animais mortos.

(Gowdak, D. *Nos domínios das Ciências* – 5ª série)

Para entender o texto, o leitor tem de relacionar e entender como sinônimas as noções de "decomposição" e de "desagregação" das rochas. Acreditamos que o uso do termo *desagregação*, em lugar de *decomposição*, pode ser interessante para incrementar o vocabulário do aluno, mas não há dúvida de que dificulta a leitura, uma vez que implica uma operação de identificação que pode ser pouco clara.

Forma e conceito desconhecidos

Uma situação mais complicada acontece quando o leitor não conhece nem a palavra em questão nem o conceito que ela veicula. Nesse caso, para compreender o trecho é preciso aprender não somente uma forma nova, mas também incorporar à memória semântica (ou seja, à memória de longo prazo) uma noção nova, com todas as especificações que caracterizam o conceito e definem aquele recorte do mundo, somando-se a isso todas as relações que interligam aquele conceito com outros presentes na memória. Aprender um termo do qual já se conhece o conceito é uma tarefa muito mais simples do que aprender um termo novo e também um conceito novo.

No texto a seguir, destinado a alunos da 5ª série, aparecem os itens *infraestrutura* e *saneamento*. Provavelmente, tanto esses termos quanto o conceito que veiculam são desconhecidos para o leitor, que terá de passar pela tarefa de aprendizagem da forma lexical e também do conceito para conseguir entender o texto.

(9) Se houvesse um maior cuidado na higiene pessoal e familiar, em conjunto com uma **infraestrutura** de **saneamento**, não existiriam ovos de lombriga nem larvas de ancilóstomos espalhados pela Terra!

(Gowdak, D. *Nos domínios das Ciências* – 5ª série)

Tanto é verdade que esses termos devem ser desconhecidos pelo leitor a quem o texto se destina que, se continuamos a leitura do livro, encontramos na página seguinte a definição de "saneamento", que é reproduzida a seguir:

(10) Todas as medidas tomadas pelos órgãos públicos no sentido de melhorar as condições de vida dos moradores de uma determinada região constituem o que designamos por **saneamento**.

(Gowdak, D. *Nos domínios das Ciências* – 5ª série)

O texto (9) seria mais legível se o autor tivesse invertido a ordem de apresentação das informações, explicando por antecedência o vocabulário desconhecido. Ou seja, a leitura seria facilitada se o autor tivesse antecipado a definição de "saneamento", localizando o trecho (10) antes de (9), e se tivesse estabelecido explicitamente a relação entre *infraestrutura de saneamento* e a coleta de lixo, a rede de água e esgoto (que são fatos citados na página seguinte), de forma a caracterizar o conceito de *infraestrutura de saneamento* através da exemplificação. Dessa maneira, o vocabulário do texto (9) já seria conhecido quando da sua leitura, e o texto certamente não traria problemas de compreensão quanto a esse aspecto. Uma versão mais adequada para essa passagem seria, então, a seguinte:

(11) [*Texto 10*] [...] constituem o que designamos por saneamento. A rede de água, de esgoto e a coleta de lixo, por exemplo, são parte da infraestrutura de saneamento.
[*Texto 9*] Se houvesse um maior cuidado na higiene [...].

Outro exemplo de uso de palavra desconhecida aparece neste texto:

(12) Os escravos vinham acorrentados e procediam de muitas regiões do continente africano. Vinham em navios **tumbeiros** e grande parte morria devido às más condições de viagem.

(Polastri, Maria Helena T. *Minas Gerais, terra e povo* – 3ª série)

Provavelmente o leitor não conhece o significado de *tumbeiro*, e em nenhum ponto do texto aparece uma explicação do termo. Portanto, se a palavra não é compreendida, a informação que o texto pretenderia transmitir é simplesmente perdida.

Forma conhecida e conceito desconhecido

Há também a possibilidade de uso desconhecido de palavra conhecida. Essa situação pode ser expressa da seguinte maneira:

> **Princípio 16:** Palavras conhecidas, mas usadas metaforicamente ou com sentido mais abstrato do que o corrente, podem constituir um problema para a leitura.

Vamos explicar esse princípio a partir dos textos a seguir.

(13) São os sais minerais, principalmente os de cálcio, que **comunicam** dureza aos ossos.
(Gowdak, D. *Nos domínios das Ciências* – 5ª série)

O verbo *comunicar* é geralmente utilizado no sentido de transmitir uma mensagem, mas evidentemente não pode ser isso que o verbo quer dizer no exemplo (13). Será preciso então cancelar a interpretação mais corrente e procurar um novo significado para o verbo nesse contexto, o que atrasa e dificulta a leitura. O texto poderia ser mais facilmente entendido se fosse reescrito da seguinte forma:

(14) São os sais minerais, principalmente os de cálcio, que fazem com que os ossos sejam duros.

No exemplo (15) a seguir, destinado à 1ª série, acontece uma situação semelhante à que acabamos de ver.

(15) **Divisões de um vegetal**
As folhas, as flores, a raiz, o caule e os frutos são partes de um vegetal **superior**, são divisões dele.
(Xerox sem indicação de autor – 1ª série)

Pode ser que crianças na 1ª série já tenham tido contato com a palavra *superior* em outros contextos, e pode ser que conheçam o seu significado em sentenças como

(16) A qualidade desse produto é superior à do outro.

Mas, com toda a probabilidade, não conhecem o significado de um *vegetal superior*. Nesse contexto, o item *superior* é empregado para designar uma classe determinada de vegetais, e portanto o seu sentido é específico e diferente daquele que comumente se atribui a ele. Além disso, o conhecimento que o aluno possui a respeito da palavra *superior* não o ajuda a compreender a que tipo de vegetais a expressão se refere. Para evitar o emprego de formas conhecidas e conceitos desconhecidos seria melhor se, em vez de *vegetal superior*, o autor se referisse somente a *vegetal* (o que, aliás, ele faz no título), sem entrar em detalhes que os leitores ainda não dominam, em aprofundamentos e subclassificações que não são indispensáveis para o objetivo ao qual se presta o texto.

Vejamos agora o texto (17), no qual aparecem diversos problemas relacionados ao vocabulário.

---

(17) Graças ao raciocínio de Pascal, hoje podemos nos servir do barômetro para medir a altitude de um lugar. Pascal raciocinou da seguinte maneira: "Se é a pressão atmosférica que sustenta a coluna de mercúrio, esta deverá diminuir quando o barômetro for levado para o alto de uma montanha." E o barômetro foi levado para o alto de uma montanha de 800 metros. Lá, Pascal observou que o mercúrio desceu quase 8 centímetros, o que equivale a 1 centímetro por 100 metros de acréscimo na altitude.

(Gowdak, D. *Nos domínios das Ciências* – 5ª série)

Esse texto foi apresentado a 38 alunos da 5ª série que, segundo o depoimento da professora, consideraram palavras desconhecidas os termos *raciocínio*, *altitude*, *raciocinar*, *pressão atmosférica* e *acréscimo*. O período seguinte foi completamente incompreensível para os alunos: se *é a pressão atmosférica que sustenta a coluna de mercúrio, esta deverá diminuir quando o barômetro for levado para o alto de uma montanha*. Segundo um aluno, isso era "um mistério...".

Vamos então tentar analisar alguns elementos que fazem com que essa sentença seja tão impenetrável. Em primeiro lugar, os alunos não sabiam o que era *pressão atmosférica*. Esse texto é destinado à 5ª série, mas a noção de "pressão atmosférica" geralmente é dada no começo da 6ª série, segundo informações de um professor. No próprio livro, a noção de "pressão" aparece 43 páginas depois. Logo, os alunos não tinham o conhecimento prévio necessário para a compreensão. Como já vimos, a interpretação de qualquer passagem depende em grande parte do conhecimento prévio, ou seja, da carga de informação anterior que o leitor traz consigo e utiliza na leitura. Essa informação prévia refere-se, entre outras coisas, também ao conhecimento do significado das palavras.

O texto diz também que *é a pressão atmosférica que* **sustenta** *a coluna de mercúrio*. Os alunos informaram que relacionam geralmente a palavra *sustentar* com "equilibrar, apoiar" (numa direção de força de baixo para cima). Não há dúvida de que as crianças conheciam um significado de *sustentar*. O que elas não entenderam (e nem poderiam) é o sentido especializado com que foi empregada (em que a pressão é exercida de cima para baixo), o que confirma o princípio de que palavras conhecidas usadas metaforicamente ou com sentido mais abstrato do que o corrente podem constituir um problema para a leitura.

Uso de termos genéricos e vagos

Um caso bastante comum de inadequação vocabular é o uso de termos vagos e pouco específicos, que não levam o leitor a entender de que exatamente se está tratando. Termos genéricos como *sistema*, *estrutura*, *processo*, *atividade*, *conjuntura*, *organismo* e *dinâmica*, por exemplo, bem como sintagmas inespecíficos como *certos elementos* ou *determinados procedimentos* têm sentido amplo e dão margem a uma interpretação nebulosa e difusa.

Um exemplo de vocabulário pouco preciso, usado em texto didático, é apresentado em (18) a seguir:

(18) Nos dias de sol, usamos roupas mais leves e devemos optar por alimentos mais refrescantes. Existem até **atividades** que se tornam inadequadas pelo excesso de sol e calor.
(Xerox sem indicação de autor – 1ª série)

Ao dizer que *existem* ***atividades*** *inadequadas*, sem especificar quais são elas, ou pelo menos exemplificar do que se trata, o autor faz uma afirmação tão genérica que não permite ao leitor imaginar do que se está falando. A informação é vaga e inespecífica, de forma que o leitor não é capaz de adquirir efetivamente o conhecimento que o texto pretendia veicular.

Uso de vocabulário incorreto

Encontramos em textos didáticos não somente uso de vocabulário desconhecido, que prejudica a compreensão do texto e a aprendizagem da disciplina, mas também palavras usadas de forma indevida. Isso nos leva ao seguinte princípio:

> **Princípio 17:** O uso de vocabulário incorreto prejudica a leitura e a obtenção da informação.

Um caso de uso de vocabulário incorreto pode ser visto na sentença a seguir:

(19) **O Tempo**

[...]

No verão, durante o dia, a temperatura vai se modificando. Pela manhã, o **sol** ainda não está totalmente forte. A temperatura ainda é fresquinha. À medida que as horas vão passando, **ele** vai esquentando. Ao meio-dia **Ø** é quente. À tarde, **Ø** volta a esfriar até desaparecer e dar lugar à noite.

(Xerox sem indicação de autor – 1ª série)

De acordo com os dados transmitidos pelo texto, o sol esquenta e esfria. Obviamente, isso não é verdadeiro. Talvez para tentar simplificar as informações, o autor usou um modo de falar leigo para tratar de um tópico de Ciências, o que tornou o texto inadequado também em relação ao registro e ao contexto de uso.

No texto seguinte, a incorreção é evidente:

(20) Dos estudos efetuados pelos astrônomos, cientistas que estudam a posição dos corpos no céu, sabemos que a Terra tem diversos movimentos. **Dentro destes** movimentos, estudaremos dois:

a) movimento de rotação

b) movimento de translação

(Xerox sem indicação de autor – 4ª série)

Esse é um tipo de erro que salta aos nossos olhos. É óbvio que não serão estudados dois movimentos da Terra que se inserem "no interior" de outros movimentos, como sugere a forma *dentro destes movimentos*, que aparece no texto. Evidentemente, o que o autor gostaria de ter dito era que:

(21) [...] Dentre esses movimentos, estudaremos dois:

a) movimento de rotação

b) movimento de translação

Um caso grave de uso de vocabulário incorreto é apresentado pelo texto (22) a seguir:

(22) Havia escravos dóceis, escravos inteligentes, pacíficos, laboriosos e **vice-versa.**

(Polastri, Maria Helena T. *Minas Gerais, terra e povo* – 3ª série)

Vice-versa? Esse exemplo dispensa comentários, mas é útil para mostrar como a qualidade dos textos didáticos pode ser baixa.

O uso de vocabulário incorreto não somente prejudica a compreensão do texto, e assim interfere na legibilidade, como também contribui para que o leitor extraia informação inadequada do texto.

Estratégias de favorecimento da aprendizagem lexical

É claro que não se pretende que um texto inclua somente palavras que já fazem parte do vocabulário do leitor, não mencionando nenhum termo desconhecido. Se o conhecimento do vocabulário facilita a leitura, é interessante então que o inventário léxico possa ser continuamente incrementado, que se possam incorporar novas palavras àquelas já conhecidas e novas acepções a termos já conhecidos, e que o número de termos incompreendidos possa se reduzir progressivamente. E é justamente através do contato com novos itens que podemos aumentar o repertório léxico.

A introdução de novos itens é um problema sério, porque eles são numerosos e só excepcionalmente se pode fornecer listas ou mandar consultar o dicionário. A consulta ao dicionário, apesar de ter o seu lado de utilidade ao ajudar a incrementar o vocabulário, por outro lado, do ponto de vista da legibilidade, é uma prática inconveniente. O leitor é obrigado a interromper a leitura para procurar a palavra desconhecida, o que prejudica a integração do texto de forma contínua e fluente.

É preciso então desenvolver estratégias de introdução de novos itens no próprio texto. É importante que o texto propicie esse contato do leitor com novas expressões de uma maneira bem dosada – evitando o acúmulo de itens desconhecidos – e de forma a possibilitar ao leitor a dedução do significado dessa nova palavra sem grande esforço, a partir de explicações ou de pistas relevantes fornecidas pelo contexto linguístico.

A principal estratégia usada pelo leitor para "descobrir" o significado das palavras é a utilização do contexto como elemento fornecedor de pistas. Assim, em contextos suficientemente informativos e com índice baixo de palavras desconhecidas é possível que o leitor infira o significado dessas palavras, utilizando para isso conhecimento de caráter gramatical, discursivo e enciclopédico.

A inferência lexical pode se dar com base no emprego de estratégias metacognitivas ou de estratégias cognitivas.

A utilização de estratégias metacognitivas (conforme aponta Kleiman, 1989a:118) implica um comportamento consciente e não automático do leitor, o esforço objetivo da busca de significado e a monitoração ativa do processo de compreensão. Isso ocorre, por exemplo, numa situação como a seguinte: o leitor lê uma passagem e não consegue encaixar coerentemente um determinado item no texto, ou então observa que a sua primeira interpretação era inadequada; aí ele volta atrás no texto e procura, conscientemente, indicações que lhe permitam reinterpretar a expressão e encaixá-la no quadro da situação que vai sendo montado. Ao focalizar uma palavra e exercer um controle consciente e intencional na procura da sua interpretação, o leitor interrompe o ritmo e quebra o processo automático da leitura fluente. Essa interrupção é certamente prejudicial à fluência da leitura – embora possa trazer benefícios para a aprendizagem de novos itens ou de novas acepções de uma palavra.

As estratégias cognitivas, por outro lado, seriam aquelas automáticas, inconscientes, e que portanto não trazem repercussões negativas quanto ao aspecto da legibilidade textual. Por exemplo, no texto seguinte,

(23) A paralisia infantil, o sarampo e a **difteria**, por exemplo, podem ser evitados com o uso de vacinas.

se o leitor não souber o que significa *difteria*, pode inferir que se trata do nome de uma doença, a partir do paralelismo que ele estabelece com relação a *paralisia infantil* e *sarampo*, termos esses já conhecidos. No primeiro capítulo mostramos um outro exemplo onde o leitor pode deduzir o significado a partir do contexto:

(24) Acrescente um pouco de **endívia**.

Vimos aí que, num texto sobre culinária, a palavra *endívia*, mesmo se não fosse conhecida, só poderia ser interpretada como um alimento.

No exemplo (23) o leitor utiliza o **paralelismo** para inferir significado, e na sentença (24) o leitor utiliza o conhecimento a respeito do **tópico** e do **gênero** discursivo para fazer deduções quanto ao significado das palavras.

O vocabulário desconhecido pode também ser inferido – pelo menos parcialmente – a partir de informações fornecidas pelo **contexto sintático**. Dependendo do contexto lingüístico, isto é, dependendo do tipo de item que vem antes ou depois de determinada palavra, e dependendo também de marcas morfológicas, o leitor pode concluir, por exemplo, se o termo em questão é um verbo, ou um nome, etc.

Brow (1958, *apud* Kleiman, 1989a:195) diz que "as crianças utilizam, desde cedo, a informação sobre a classe a que uma nova palavra pertence como uma das pistas para chegar ao significado dessa palavra".

Um outro recurso que o texto pode fornecer para a explicação de vocabulário desconhecido é a **exemplificação**. Funkhouser e Maccaby (1987:138) realizaram testes para estudar aspectos da legibilidade de textos científicos e, a partir de dados estatísticos, concluíram que existe uma "correlação positiva entre o aumento de informação e o número de exemplos". Kleiman (1989a: 172) também afirma que

> há uma expectativa da criança de que o texto didático traga exemplos. Nessa expectativa, o exemplo mais vívido, capaz de evocar imagens, se constitui num recurso de marcação na medida em que ele salienta, faz memorável, a informação veiculada.

No texto a seguir apresentamos um caso que ilustra essa atitude: o autor utiliza a exemplificação para melhor esclarecer o conceito de "herbívoros" e "carnívoros":

(25) Há animais que se alimentam de plantas. São chamados **animais herbívoros.**

O gafanhoto, o rato, o boi, a girafa são exemplos de animais herbívoros.

Há animais que se alimentam de outros animais. São chamados **carnívoros.**

O leão, o gato, a onça, a cobra são exemplos de animais carnívoros.

(Staifel, R. O.; Gowdak, D. *Ciências* – Ensino Fundamental n. 2)

Em (26) a seguir, são os próprios exemplos que explicam o vocabulário novo e definem as noções introduzidas: estado sólido, líquido e gasoso.

(26) **Estados da água na natureza**

A água de beber, a água dos oceanos e dos mares em geral, dos rios, lagos e fontes estão no **estado líquido.**

O vapor d'água que sai das panelas quentes é água no **estado gasoso.**

A barra de gelo, as montanhas de gelo que flutuam nas águas das regiões polares são águas no **estado sólido.**

(Staifel, R. O.; Gowdak, D. *Ciências* – Ensino Fundamental n. 2)

O autor pode também explicar um conceito novo e, em seguida, apresentar o vocabulário relacionado, isto é, fornecer a palavra que se refere ao conceito que acabou de ser explicado. Por exemplo:

(27) Cada grupo de células que se assemelham no aspecto e que se mostram especializadas para uma certa função constitui um **tecido.**

(Soares, J. L. *O corpo humano* – 7ª série)

Um perigo que o escritor corre ao tentar explicar os termos desconhecidos é fazer com que a explicação venha a constituir uma inserção, que interfere na legibilidade do texto. Por exemplo:

(28) No ovo, apenas a gema é uma célula. A clara é um acúmulo de **albumina** (um tipo de proteína) que envolve a célula.

(Soares, J. L. O *corpo humano* – 7ª série)

Uma melhor versão, evitando a inserção, seria:

(29) No ovo, apenas a gema é uma célula. A clara envolve a célula e é formada por um acúmulo de albumina (um tipo de proteína).

A explicação com inserção também acontece no texto seguinte:

(30) A adoção da **charrua** (instrumento mais forte que o arado, e que permite revolver mais profundamente a terra), em substituição ao antigo arado representou, em muitas regiões da Europa, não apenas uma transformação dos hábitos de trabalho rural, mas também uma revolução técnica de grande importância para o progresso da economia agrária.
(Faria, R. de M. et al., *Construindo a História* – 6ª série)

Uma reestruturação desse texto, evitando a inserção, o tornará mais legível:

(31) O antigo arado foi substituído pela charrua (instrumento mais forte que o arado, e que permite revolver mais profundamente a terra). A adoção da charrua representou, em muitas regiões da Europa [...].

Vimos anteriormente que, por vezes, o aluno não conhece uma determinada palavra, mas conhece o conceito ligado a ela, ao qual geralmente se refere usando um outro termo. A referência a esse sinônimo pode então facilitar a compreensão do item novo, como acontece neste exemplo:

(32) A **faringe** é um canal que serve ao mesmo tempo aos sistemas digestivo e respiratório, pois por ele passam os alimentos e o ar que se respira. É conhecida popularmente como "garganta" ou "goela".
(Xerox sem indicação de autor– 7ª série)

A explicação de vocabulário desconhecido deve vir contígua ao uso do novo termo, para que possa auxiliar efetivamente o leitor na depreensão imediata e automática do significado. A explicação distante (e ineficaz) aparece no texto (33) a seguir. O termo novo, *Derrama*, foi introduzido sem explicação, e somente quatro linhas depois foi apresentada uma definição da palavra. A essa altura, o leitor provavelmente já tinha se perdido.

(33) Tiradentes nasceu na fazenda do Pombal, perto do rio das Mortes.[...]

Era líder da conjuração, o único inconfidente que não tinha posses sendo da classe média que se achava em dificuldade como os ricos diante da **Derrama**.

Na tropa, Tiradentes entrou em contato com as ideias iluministas e se entusiasmou.

Em meados de 1788 chegou aqui o Visconde de Barbacena incumbido de lançar a **Derrama**. Foi a gota d'água que faltava na impaciência dos mineiros diante de tanta cobrança do ouro quintado.

Derrama era a cobrança de todo o imposto atrasado do quinto do ouro.
(Xerox sem indicação de autor – 4ª série)

Parece evidente que em (33) a localização da explicação do vocabulário novo é inadequada: uma explicação distante é ineficiente. Se a explicação sobre *Derrama* fosse oferecida ao leitor anteriormente à apresentação do texto, ou então imediatamente após a primeira referência a essa palavra, a leitura seria certamente facilitada (somente quanto a esse aspecto, deixemos bem claro).

Vimos então em que medida o contexto linguístico pode fornecer pistas importantes que auxiliam o leitor quanto à inferência do significado de itens léxicos. Já a consulta frequente a glossários ou dicionários não é um recurso eficaz no que tange ao processo de leitura fluente. Na verdade, a busca do significado das palavras em dicionários ou glossários atrasa e fragmenta a leitura, quebra o automatismo e altera o ritmo do leitor, corta o texto e impõe paradas e retrocessos que prejudicam a interpretação do material lido, prejudicando o processamento dos textos. Portanto, o escritor não deve deixar que essa seja a única saída para o leitor, na tentativa de compreender o texto.

Antes de fecharmos esse assunto, convém sublinhar que a clareza do discurso não se reduz a questões puramente lexicais, de palavras ou frases isoladas, mas está também estreitamente relacionada a outros aspectos de estruturação do texto e ao tipo de conhecimento anterior do leitor. É ainda importante ficar claro que, para a leitura, o que interessa não é a identificação do significado isolado e discreto de cada palavra, mas sim a depreensão do conteúdo e da significação da palavra naquele contexto, a definição da sua relevância com relação ao tópico do discurso e a sua função coesiva dentro do texto. Para a compreensão do que se leu, o que importa é determinar de que maneira as palavras interagem e colaboram para a composição de um significado global para o texto; ou seja, o que é relevante não é o conhecimento focalizado de cada item lexical em separado, mas a depreensão da contribuição e do suporte que oferecem, em conjunto, para a montagem do sentido.

Estrutura interna das sentenças

O modelo de percepção que adotamos neste livro prevê que o leitor emprega estratégias de reconhecimento baseadas em tipos diferentes de conhecimento, isto é, estratégias sintáticas, semânticas, discursivas e pragmáticas. Neste capítulo pretendemos discutir alguns problemas de leitura relacionados com a estrutura sintática das sentenças.

São muitos os estudos em psicolinguística que procuram mostrar que a complexidade de uma sentença está relacionada com sua estrutura sintática, mas certamente a organização formal das sentenças não é o problema principal da legibilidade de textos. Por outro lado, há alguns aspectos que merecem ser discutidos, porque há testes a respeito que parecem conclusivos.

Estilo escrito x estilo falado

Perini (1980) sugere que um estudo contrastivo entre o que chamou estilo escrito e estilo falado teria uma aplicação prática imediata no campo da leitura. Segundo ele, as diferenças entre esses dois estilos podem constituir fontes de dificuldades de leitura. A explicitação dessas diferenças poderia levar a facilitar a tarefa do leitor inexperiente, evitando textos cuja compreensão não dependesse tanto de mecanismos exclusivos do estilo escrito, isto é, textos cuja compreensão pudesse ser alcançada através da utilização de mecanismos que o leitor já domina e utiliza na interpretação de textos falados. Exemplificaremos tais mecanismos mais adiante. Mas, antes, consideremos as diferenças que existem entre textos escritos e falados.

Além da diferença óbvia entre os meios utilizados para produção dos dois tipos de texto (sons vocais e gestos para os textos orais e sinais gráficos para os escritos), Perini aponta ainda duas outras a que chamou diferenças dialetais e diferenças de estilo.

A primeira categoria diz respeito basicamente a diferenças no léxico e em certas formas gramaticais que caracterizam, de um lado, o dialeto padrão e, de outro, o dialeto coloquial. Formas como *cê*, *tá*, *troço* caracterizam o dialeto coloquial e são excluídas do dialeto padrão. Por outro lado, a colocação mesoclítica do pronome ou o uso do futuro do pretérito – como em *encontrar-me-ia* – é um traço típico do dialeto padrão, inadmissível no coloquial. Neste, teríamos algo como *me encontrava*, em que o imperfeito substitui o futuro do pretérito e o pronome aparece antes do verbo, ou ainda *ia me encontrar*. Uma sentença coloquial como

(1) Me passa o sal, por favor.

seria escrita em língua padrão de forma bem diferente:

(2) Passe-me o sal, por favor.

Não só a posição do pronome é outra, como também a terminação verbal do imperativo é diferente nos dois estilos.

Os textos escritos usam normalmente o dialeto padrão, ao passo que os textos falados produzidos espontaneamente seguem o dialeto coloquial. Mas a adequação ao dialeto padrão não ocorre uniformemente: existem textos escritos numa linguagem próxima do dialeto coloquial (como mensagens que se escrevem a amigos) e há também textos orais que se aproximam bastante do dialeto padrão (como discursos ensaiados ou conferências em congressos). Mesmo levando em conta essa variação, o que nos interessa são as diferenças entre o texto escrito no dialeto padrão – de que o texto didático é um exemplo típico – e o texto oral coloquial, que exemplifica a produção normal do leitor desse mesmo texto didático.

Essas diferenças dialetais que se observam entre o texto oral e o escrito podem originar problemas na leitura, mas provavelmente são menos prejudiciais que as diferenças a que Perini chamou diferenças de estilo. Vejamos o que isso significa.

Ao contrário das diferenças dialetais, as diferenças de estilo não são simples fruto de convenções linguísticas. São resultado de adaptações às nossas limitações cognitivas e às diferentes situações de produção (oral ou escrita). Por exemplo, quando falamos, precisamos manter a atenção do nosso ouvinte, precisamos de tempo para elaborar o pensamento e precisamos manter o turno da fala – esses são alguns dos motivos pelos quais utilizamos itens como *né?* ou *sabe?*, inexistentes no texto escrito.

Também não podemos sobrecarregar a memória de nosso ouvinte, e a nossa memória igualmente sofre limitações; por isso construímos frases mais curtas, mais simples e cheias de repetições. Por outro lado, quando escrevemos, podemos usar frases mais longas e complexas, e as repetições geralmente são evitadas, porque podemos voltar e reescrever o que quisermos, além de o leitor poder reler, se necessário. Mas a fala também tem seus recursos próprios. Quando falamos, podemos nos referir ao contexto situacional e – talvez a característica mais importante do texto oral – podemos observar e avaliar as reações do nosso ouvinte, o que nos permite fazer reajustes constantes no nosso texto para ajudar a compreensão. Ao contrário, no caso do texto escrito, não há possibilidade do confronto entre autor e leitor que permita adequações imediatas na estrutura da mensagem. São essas diferenças de estilo entre textos falados e escritos que parecem ser responsáveis, em grande parte, pela dificuldade que um estudante encontra ao tentar aprender a ler.

Na verdade, a responsabilidade da compreensão não deve ser atribuída apenas ao produtor do texto. Também o receptor deve contribuir com certos conhecimentos e atitudes. E isso vale tanto para textos orais quanto para textos escritos.[1] No caso presente, o nosso interesse está direcionado para o que o autor do texto pode fazer.

Quando dissemos anteriormente que no texto escrito podemos usar frases mais longas e complexas e dispensar repetições, porque o leitor pode voltar e reler o texto se necessário, considerávamos, na verdade, o leitor eficiente para quem o atraso da releitura não chega a atrapalhar o ritmo ideal para a compreensão global do texto. Mas pensemos no leitor inexperiente, que não domina ainda as estratégias de processamento do texto escrito, acostumado apenas com o mecanismo de compreensão oral. A respeito desse leitor podemos afirmar que:

> **Princípio básico:** Para o leitor inexperiente, os pontos em que os textos escritos diferem dos orais são pontos críticos em que pode haver problemas de compreensão.

Esse será o princípio inicial que orientará a discussão de alguns dos fatores de dificuldade de leitura apresentados a seguir.

O estudo da legibilidade de textos deve passar, portanto, por um estudo contrastivo entre os dois estilos. Uma tentativa nesse sentido encontra-se em Perini (1980), que faz um estudo das repetições não-contíguas, frequentes no dialeto falado. Observou-se que, tanto na linguagem falada quanto na escrita, frequentemente fazemos interrupções na ordem do que vem sendo dito para acrescentar alguma informação adicional. Na

[1] Sobre essas questões veja-se a teoria da conversação de Grice, 1967, e a teoria da comunicação de Berlo, 1960. Sobre a interação na leitura veja-se Kleiman, 1989a; 1989b.

linguagem oral, quando acontece esse tipo de interrupção, o falante geralmente repete aquilo que havia dito antes da interrupção. Já na linguagem escrita não há repetição nesse mesmo caso, o que pode ocasionar uma sobrecarga do mecanismo decodificador, com o perigo de quebra de compreensão. A seguir, examinaremos esse problema e também a dificuldade causada pelas inserções; e nas seções seguintes discutiremos outras características do texto escrito e seu efeito sobre a leitura: o comprimento excessivo das sentenças, os encaixamentos múltiplos dos constituintes, o uso de negativas duplas e a diferença de processamento entre passivas e ativas.

Inserções

Observando textos falados, Perini (1980) constatou a presença de repetição associada à presença de uma *inserção*. A inserção é uma "quebra" na sentença, provocada por um trecho que é interposto numa estrutura linear e que interrompe a sequência esperada dos constituintes. A sequência linear esperada é chamada "estrutura canônica" e é composta por estruturas do tipo *sujeito-verbo-objeto*, ou *sujeito-verbo intransitivo* ou *sujeito-verbo de ligação-predicativo*, que são as mais típicas na língua portuguesa.

Em outras palavras, o que Perini observou foi que, no estilo falado, quando uma estrutura canônica é interrompida por uma inserção, há uma repetição dos elementos anteriores a ela, de tal modo que a estrutura é retomada e aparece completa a seguir. Por exemplo, uma frase do estilo escrito onde aparece uma inserção, como (3):

(3) Ela achou, *no princípio*, que dava tempo.

seria modificada, no estilo oral, para uma sequência em que a estrutura canônica é recuperada através da repetição, conforme um exemplo real:

(4) Ela achou, no princípio, ela achou que dava tempo.

Em (4) observa-se a repetição de *ela achou* após a inserção *no princípio*. Essa repetição possibilita o aparecimento da estrutura completa *ela achou que dava tempo*, livre da inserção. A hipótese é de que esse tipo de repetição teria a função de facilitar a tarefa de compreensão. Perini propõe a seguinte explicação:

> a inserção que ocorre em (1) impede que o leitor processe a estrutura *ela achou que dava tempo* como uma unidade composta de **sujeito-verbo-objeto**; ao invés disso, ele precisa processar o sujeito, guardá-lo na memória de curto prazo, depois processar a inserção, e finalmente processar o verbo e o objeto, juntando-os depois ao sujeito. Ora, há evidência experimental (Fodor, Bever & Garret, 1974) de que estruturas do tipo sujeito-verbo-objeto (estruturas "canônicas") são especialmente fáceis de processar.

Por conseguinte, é plausível que um dos efeitos da inserção em (1) seja impedir o leitor de utilizar uma estratégia de processamento particularmente imediata; em outras palavras, o processamento de (1) é mais difícil do que se não houvesse a inserção. Por outro lado, considerando (2), que é típica do estilo falado, vemos que a repetição após a inserção tem o efeito de reconstituir a estrutura canônica, permitindo o seu processamento através de uma estratégia imediata: ou seja, o efeito da repetição é facilitar o processamento. (Perini, 1982a: 17)

Essas observações levaram ao seguinte princípio:

Princípio 18: A presença de inserção entre os grandes constituintes da sentença constitui fator de dificuldade de leitura.

Para verificar a validade desse princípio, Perini realizou um experimento que constou do seguinte procedimento: os sujeitos (172 alunos de 8ª série) leram dois textos de aproximadamente 40 palavras cada um. Cada texto tinha duas versões: a primeira incluía uma inserção de natureza adverbial, separando o verbo do seu objeto, e a segunda versão não continha inserção (o trecho da inserção foi transportado para o início do período). Cada aluno foi testado duas vezes: uma vez com um texto com inserção, outra com **outro** texto na versão sem inserção. Os alunos leram o texto durante 20 segundos, e logo após (sem consulta) responderam por escrito a uma pergunta planejada de modo a obrigá-los a relacionar o verbo com o objeto. Os resultados mostrados na tabela a seguir confirmaram a hipótese de que, quando há inserção, a compreensão é dificultada:

Versão	**Respostas**		
	Corretas	**Incorretas**	**Em branco**
sem inserção	45,3%	38,4%	16,3%
com inserção	18,6%	58,7%	22,7%

(Perini, 1982a: 21)

Apesar dos resultados, não é o caso de se imaginar que as inserções devam ser sumariamente eliminadas. Um leitor eficiente, apto a compreender qualquer texto escrito, certamente terá que dominar estratégias de processamento de estruturas com inserções. O que se sugere é que:

> variáveis como número e possivelmente o comprimento e a complexidade das inserções sejam levadas em conta como elementos relevantes da dificuldade de um texto, e que sua introdução no material de leitura seja graduada. (Perini, 1982a: 18)

Um levantamento preliminar mostra que a percentagem de períodos que contêm inserções nos textos didáticos é relativamente alta, o que os torna inadequados desse ponto de vista. Apresentamos a seguir alguns exemplos retirados de manuais didáticos. As inserções são destacadas com o negrito:

(5) D. João, **príncipe-regente de Portugal e que governava o país em lugar de sua mãe doente, D. Maria, não encontrando outra solução**, resolveu vir para o Brasil com toda a sua corte.
(Xerox sem indicação de autor – 4ª série)

(6) As verduras, **sendo alimentos ricos em vitaminas e sais minerais, quando ingeridas regularmente**, participam no desenvolvimento do organismo, comunicam-lhe maior resistência e defesa contra doenças.
(Gowdak, D. *Nos domínios das Ciências* – 5ª série)

(7) As pessoas **que moram em lugares mais afastados das cidades servidas por rede de esgoto, para não contaminar o solo**, devem construir seus próprios sanitários providos de fossa.[2]
(Gowdak, D. *Nos domínios das Ciências* – 5ª série)

Uma maneira de eliminar o efeito negativo das inserções é deslocá-las para fora das estruturas que elas interrompem.

Mas mesmo num texto escrito é possível usar o recurso da repetição, como se vê no exemplo (8):

(8) Entretanto, **o aluno** *enquanto sujeito que, dada uma chance, usaria, nas tarefas da escola, capacidades já desenvolvidas em outros contextos, que procuraria dar sentido e coerência a essa tarefa, e que a partir da aprendizagem chegaria ao desenvolvimento de outras capacidades,* **esse aluno** não encontra espaço de ação na escola [...]. (Kleiman, 1989a: 8)

Em (8), o processamento da relação entre o sujeito e o verbo da oração principal é suspenso, enquanto se dá o processamento de três outras orações, sem contar as três inserções dentro dessas orações. Quando o processamento é interrompido para ser concluído posteriormente, a memória de curto prazo (MCP) é sobrecarregada, ou então ela é esvaziada antes da hora, ou seja, antes de haver integração entre as partes da sentença. Em qualquer desses casos pode haver dificuldade na montagem do significado. Assim, a repetição que ocorre em (8) parece facilitar a compreensão.

Se as inserções constituem fator de dificuldade porque interrompem o processamento de estruturas na memória de curto prazo, é de se esperar que, quanto mais

[2] No exemplo (7), a oração restritiva *que moram em lugares mais afastados das cidades servidas por rede de esgoto* funciona como uma inserção, apesar de fazer parte do sintagma nominal sujeito, porque afasta o núcleo do SN (*as pessoas*) do verbo ao qual se relaciona. Assim, na prática, atua como um elemento que distancia termos relacionados do ponto de vista sintático e semântico.

longa a inserção, mais chance ela tem de prejudicar a compreensão. Por exemplo, é possível que em (8) não houvesse necessidade de usar a repetição se o texto fosse algo como:

(9) Entretanto, o aluno, enquanto ser criativo, não encontra espaço de ação na escola [...].

Isso porque a inserção *enquanto ser criativo* não é suficientemente longa. O comprimento das inserções deverá ser medido não apenas em termos de número de palavras ou letras, mas em termos de possível número de fatias (esse assunto será retomado na próxima seção).

O mesmo deve valer para a complexidade das inserções: quanto mais complexa for a inserção, isto é, quanto maior o número de estruturas encaixadas, maior será o tempo de processamento, e portanto mais chances de ocorrer esvaziamento da MCP antes de se completar a montagem do significado.

Um outro aspecto que pode ser interessante investigar é o tipo de estrutura interrompida pela inserção. Vejamos uma comparação entre o ponto de inserção nos exemplos (10) e (11):

(10) Os efeitos da radiação gama, **ainda hoje**, intrigam cientistas de todo o mundo.

(11) Os efeitos da radiação gama intrigam, **ainda hoje**, cientistas de todo o mundo.

Fodor, Bever & Garret (1974) e Clark & Clark (1977) apresentam testes psicolinguísticos que mostram que os cortes do material percebido são feitos principalmente entre os grandes constituintes. Assim, uma inserção posicionada nesses pontos, onde normalmente já se faria um corte (ou, em outras palavras, onde terminaria uma fatia), deve ser menos prejudicial à leitura. Portanto, a sentença (10) deve ser mais facilmente compreendida do que (11).

É possível que no caso de inserções tão curtas e simples como a dos exemplos citados a posição não interfira tanto na legibilidade. É justamente esse peso relativo entre o número, o comprimento, a complexidade e a posição das inserções que ainda precisa ser investigado, assim como a relação entre a inserção e outros fatores que interferem na legibilidade.

Reafirmamos que os fatores de dificuldade de leitura não devem ser considerados isoladamente. É muito difícil alterar a forma de um texto sem interferir no funcionamento de outras estratégias de leitura. Por exemplo, ao se tentar diminuir a complexidade de uma inserção pode-se aumentar o seu comprimento, o que também seria prejudicial à legibilidade. Da mesma maneira, não é fácil deslocar uma inserção dentro de um texto sem interferir no arranjo de outros elementos como, por exemplo, na distribuição de "Dinamismo Comunicativo" (DC), discutida no capítulo "Tópico". Vamos exemplificar esse último problema.

Vimos no capítulo "Tópico" que há uma tendência a se colocar no início do texto as informações conhecidas ou pressupostas (isto é, os elementos com menor DC). Depois disso é que é apresentada a informação nova (isto é, os elementos com maior DC). Essa distribuição mais frequente levaria o leitor a esperar elementos com maior carga informacional no final da sentença. Portanto, sentenças organizadas de maneira diversa, incluindo informação com maior DC no início, podem interferir na legibilidade do texto. Consideremos, então, o exemplo a seguir:

(12) Esse tipo de solo, além de apresentar quantidade certa de argila, areia, calcário e húmus, deve ser *profundo e arejado.*

(Gowdak, D. *Nos domínios das Ciências* – 5ª série)

Do ponto de vista da distribuição de DC, esse texto é bastante adequado. Vejamos: começa com um tópico que é informação conhecida, como bem mostra o uso do demonstrativo (*esse tipo de solo*), depois retoma uma informação conhecida que foi citada na sentença anterior (de que o solo deve *apresentar quantidade certa de areia, argila, calcário e húmus*) e só no final acrescenta a informação nova, desconhecida (de que o solo também *deve ser profundo e arejado*). Mas essa distribuição adequada de DC foi possível graças à utilização de uma inserção (a sequência *além de apresentar quantidade certa de argila, areia, calcário e húmus*) que se coloca entre o SN sujeito (*esse tipo de solo*) e o predicado (*deve ser profundo e arejado*). Para eliminarmos o efeito negativo da inserção, deslocando-a para o final da sentença, por exemplo, vamos naturalmente interferir na distribuição ideal de DC:

(13) Esse tipo de solo deve ser profundo e arejado, além de apresentar quantidade certa de argila, areia, calcário e húmus.

Se, por outro lado, deslocamos a inserção para o início da sentença, como em (14), estaremos deixando de sinalizar adequadamente o tópico, o que, como sabemos, também não é desejável:

(14) Além de Ø apresentar quantidade certa de argila, areia, calcário e húmus, esse tipo de solo deve ser profundo e arejado.

A sentença (14) apresenta ainda um outro tipo de dificuldade, discutida no capítulo "Elementos dados e anáfora": a elipse do sujeito antes de *apresentar* (representada pelo símbolo Ø), que remete a um referente que só é apresentado posteriormente.

Resumindo, o que quisemos mostrar com a discussão do exemplo (12) é que a interferência de cada fator de dificuldade na leitura não pode ser medida isoladamente, mas em relação a outros. Essa interdependência deverá ser sempre levada em consideração ao se avaliar a legibilidade de um texto.

Voltemos agora a uma outra característica, relativa ao relacionamento das informações com o tópico do texto. Considerem-se os exemplos a seguir:

(15) A cura da doença, se Ø começa muito tarde, torna-se mais demorada e difícil, mas não impossível.

(16) A cura da doença, quando Ø atinge um estado adiantado, torna-se mais demorada e difícil, mas não impossível.

(Gowdak, D. *Nos domínios das Ciências* – 5ª série)

No primeiro exemplo, de número (15), a inserção contém informação sobre o tópico da sentença – "a cura" (se a *cura* começa tarde é demorada e difícil) – e portanto deve ser mais fácil de compreender. Como vimos no capítulo "Tópico", há uma forte tendência a relacionar anáforas com tópicos. Em (16), no entanto, a inserção contém informação sobre "doença", que não é o tópico (quando a *doença* atinge um estado adiantado, tem cura mais demorada e difícil). A anáfora em (16) (isto é, a elipse representada por Ø) refere-se a "doença", que por ser o elemento menos esperado traz dificuldade para a compreensão. A interpretação correta de (16) só acontecerá se o leitor utilizar seu conhecimento prévio e perceber a inadequação do relacionamento da elipse com o tópico, levando à incoerência da afirmação de que "uma cura em estado adiantado é mais demorada e difícil". Provavelmente o leitor será levado em primeiro lugar a essa relação com o tópico, e só depois de perceber a inadequação fará a reinterpretação da passagem, o que implica perda de tempo e maior esforço cognitivo, atrasando a leitura e dificultando a compreensão.

A preferência em relacionar a inserção com o tópico é representada no princípio 19a:

Princípio 19a: Inserções que contêm informação relacionada ao tópico da sentença são menos prejudiciais que aquelas que contêm informação relacionada a outros elementos.

Fraiha (1991: 71) também pesquisou a relação entre o efeito das inserções e o efeito do tópico do texto. Seu princípio é o seguinte:

Princípio 19b: "elementos sinalizados como tópico têm maior resistência quanto aos efeitos negativos das inserções".

Os testes que realizou comprovaram que, se um texto contém uma inserção que separa o sujeito do verbo, essa inserção trará menos dificuldade para a leitura se o sujeito for marcado como tópico.

Resumindo, então, partimos do princípio de que inserções podem dificultar a leitura, e a complementamos com as seguintes observações:

- inserções mais longas são mais difíceis de processar que as mais curtas;
- inserções mais complexas são mais difíceis que as mais simples;
- inserções que se colocam logo após o tópico da sentença são mais fáceis de serem processadas;
- inserções que contêm informação sobre o tópico são menos prejudiciais à legibilidade;
- inserções que separam o sujeito tópico do verbo são menos prejudiciais do que aquelas que separam um sujeito não-tópico do verbo.

Comprimento das sentenças

Dissemos, na introdução deste capítulo, que as diferenças entre o estilo escrito e o falado podem constituir fonte de dificuldade de leitura e apontamos entre elas o maior comprimento das sentenças do texto escrito em relação às do texto oral. Podemos então formular um princípio:

> **Princípio 20:** Sentenças muito compridas constituem fator de dificuldade de leitura.

A medida do comprimento de uma sentença não pode ser feita apenas pelo número de palavras ou letras. Vimos no primeiro capítulo que as unidades com que a memória de curto prazo trabalha são as "fatias", que são constituintes que formam uma unidade de significado. Portanto, o princípio 20 deve levar em conta o comprimento medido segundo o número provável de fatias de uma sentença.

As fatias são guardadas na sua forma literal (palavra por palavra) na memória de curto prazo (MCP) do leitor, até que formem um conjunto significativo e assim possam passar para a memória de longo prazo (MLP). Segundo Clark & Clark (1977: 57),

> Há evidências de que os ouvintes concebem os constituintes como unidades conceptualmente coerentes. Eles os isolam logo que os percebem na fala e os mantêm na memória de curto prazo (*working memory*) como unidades. Eles os eliminam da memória logo que passam um limite de sentença.

Ao transferir a informação para a MLP, o leitor retém somente o conteúdo semântico – isto é, o significado daquele conjunto de fatias – abandonando e esquecendo a forma literal com que foram apresentadas no texto. O leitor precisa então guardar na MCP a forma literal do texto até que possa proceder a certos fechamentos sintáticos e semânticos, como o relacionamento do sujeito com o verbo, as conexões entre os termos da oração, etc. Duas observações feitas por Clark & Clark (1977) são especialmente relevantes:

> [...] uma vez que os ouvintes tenham construído as proposições subjacentes a um constituinte depois desses pontos [o final de SNs, orações e sentenças] eles podem, de maneira segura, esvaziar a memória do seu conteúdo literal. [...] É uma hipótese razoável, portanto, que a memória literal que os ouvintes têm de um constituinte possa desaparecer rapidamente depois que este tenha sido processado. (p. 49)
>
> Vários experimentos feitos por Jarvella (1970, 1971) sugerem que, em geral, os ouvintes começam a esvaziar a memória somente depois de ter passado um limite de sentença. (p. 52)

Sendo assim, podemos supor que, se as sentenças forem curtas, haverá maior chance de proceder a fechamentos sintáticos e semânticos com um menor número de fatias, ou então com fatias pequenas, com poucas palavras. Se as sentenças são curtas, o leitor precisará reter pouco material na sua forma literal, e podemos esperar que não haja sobrecarga na sua memória de curto prazo.

Mas a medida do comprimento das sentenças em fatias não é segura. Não há testes específicos que provem que tal tipo de leitor fatia o texto de tal ou tal maneira, nem que ele fatia sempre do mesmo jeito. O que se sabe é que, quanto mais eficiente o leitor, mais material ele capta em cada fatia; portanto, quanto mais inexperiente for o leitor, menores são as fatias que ele monta. Já que a MCP é esvaziada no final da sentença, e já que na MCP cabem aproximadamente sete fatias, então construindo sentenças curtas tenta-se garantir a possibilidade de interpretação antes que a capacidade de estocagem se esgote. Se a MCP não ficar sobrecarregada, o texto será certamente mais fácil de ser integrado, e portanto será mais legível.

Assim, se por um lado não podemos determinar o comprimento máximo ideal das sentenças, por outro lado podemos sugerir que não sejam apresentadas sentenças muito longas a leitores ainda não proficientes.

Infelizmente a situação que se verifica nem sempre é essa. Encontramos em textos didáticos sentenças bastante compridas, como as seguintes:

---

(17) O trabalho destruidor das formigas e dos gafanhotos preocupa o agricultor que se vê obrigado a usar os mais poderosos inseticidas para exterminá-los, com prejuízos, muitas vezes, sérios, aos moradores vizinhos, donos de extensos pomares que ficarão sem frutos nas próximas colheitas, devido à morte indiscriminada dos insetos polinizadores.

(Gowdak, K. D. *Nos domínios das Ciências* – 6ª série)

---

(18) Foram realizados concertos, debates, exposições e conferências, que tiveram lugar no Teatro Municipal de São Paulo e contaram com a participação de elementos das mais diferentes tendências artísticas e ideológicas, que se identificavam, no momento, como participantes de um movimento modernista, que, embora tivesse raízes e influências europeias, tinha como objetivo geral rever a cultura brasileira, procurando valorizar, sobretudo através da arte, seus componentes nacionais e autenticamente brasileiros.

(Nadai, E.; Neves, J. *História do Brasil* – 2 – Ensino Fundamental)

Em geral, não é propriamente o comprimento excessivo de uma sentença o seu problema maior, e sim as características daí decorrentes. Na maioria das vezes, quando se tenta organizar muitas ideias numa só sentença – o que certamente lhe aumentará o tamanho – não se tem como evitar inserções, anáforas ambíguas, estruturas passivas, enfim, características que dificultam o processamento. Comparem-se, por exemplo, as duas sentenças a seguir, que são aproximadamente do mesmo tamanho, mas não têm a mesma facilidade de compreensão:

(19) A indústria pesada e a de transformação puderam ser implantadas, entre outras razões, graças às enormes obras de construção de barragens nos rios do país, que, além de regularizarem seus cursos, produzem hoje mais de 300 bilhões de kwh.

(20) A indústria soviética fabrica praticamente todo tipo de máquinas (tratores, automóveis, caminhões, locomotivas e material ferroviário, navios, aparelhos eletrônicos, eletrodomésticos, aviões, cimento, vestuário, produtos químicos, têxteis, papel, celulose, vidros, etc.).

(Castro, J. de A. *Geografia*: Estudos Sociais – 8ª série)

Parece claro que a leitura de (20) é muito mais fácil que a de (19). O que estabelece o grau de legibilidade das duas sentenças não é, então, a quantidade de itens, mas o tipo e a organização de seus constituintes. Enquanto em (20) a maior parte dos constituintes é do mesmo tipo e estão relacionados no mesmo nível, com predominância de coordenações, em (19) encontramos vários tipos de constituintes, organizados em diversos níveis de interdependência (com certo número de subordinações). Isso sem contar outros problemas de (19), como inserções e anáforas pouco transparentes. É provavelmente essa complexidade na organização interna de (19) que a torna mais difícil de ler. Podemos, então, formular novo princípio:

Princípio 21: Sentenças complexas podem comprometer a legibilidade de um texto.

Mas a complexidade das sentenças não é fácil de ser medida e depende de vários fatores interligados. A própria inserção, analisada no item anterior, pode ser considerada um fator de complexidade de sentenças. Mas há outros, que apresentaremos a seguir.

Hierarquia de constituintes

As características que determinam a complexidade de uma sentença dizem respeito ao tipo e à organização de seus constituintes. Consideremos dois tipos diferentes de SN:

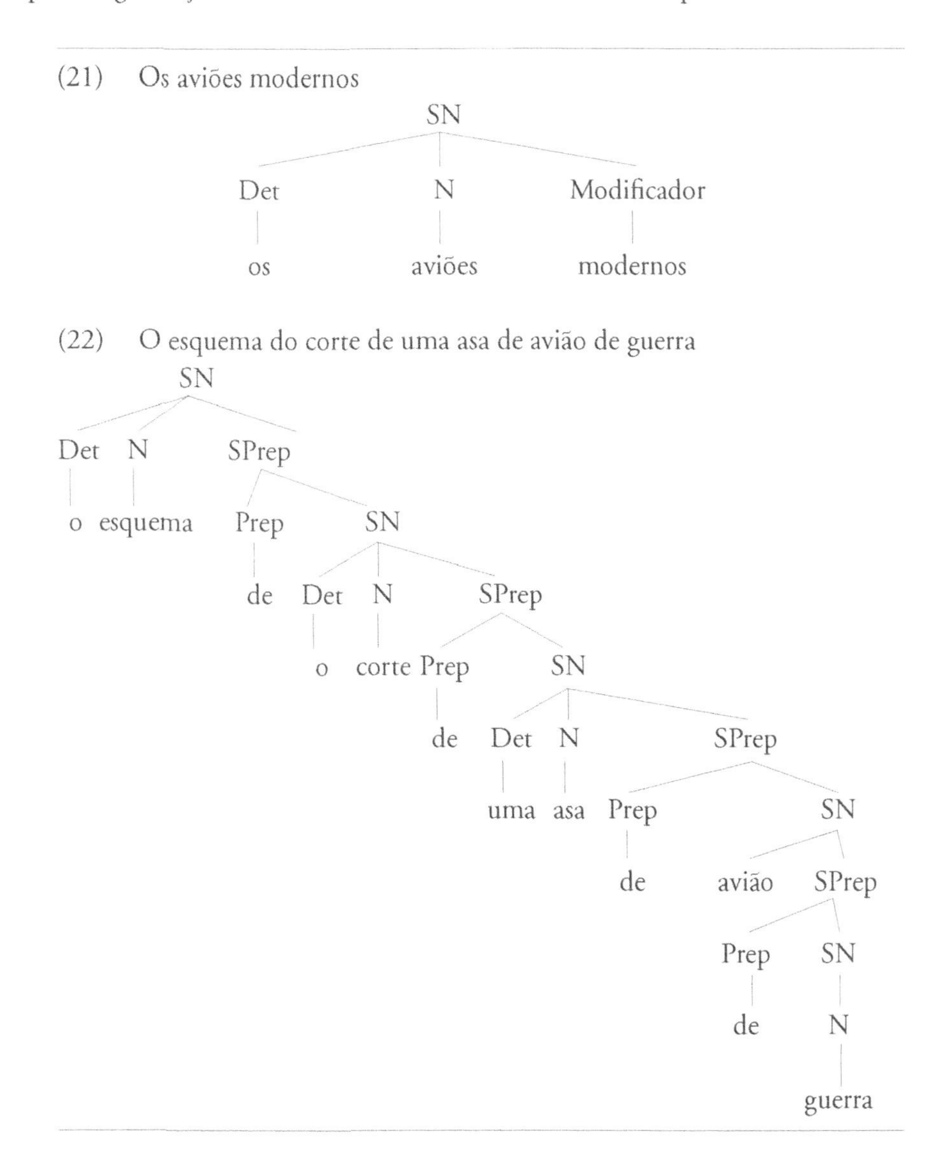

O SN (21) é formado por três constituintes do mesmo nível. Já o SN (22) tem uma estrutura hierárquica mais complexa, pois seus constituintes se organizam em nove níveis diferentes. Isso faz com que o SN (22) seja mais difícil de integrar e compreender. A quantidade de encaixamentos é outro ponto que causa a complexidade das estruturas e faz com que elas sejam mais difíceis de serem processadas.

Por isso o texto (19) é mais difícil de compreender do que (20): (19) tem uma maior complexidade na organização hierárquica de seus constituintes, com várias estruturas encaixadas, ao passo que o exemplo (20) é organizado em poucos níveis, com vários elementos coordenados.

Vale lembrar que a diferença entre as estruturas das sentenças e seus efeitos na compreensão não são novidade: foram apontados desde os primeiros trabalhos em gramática gerativa. Em Chomsky (1965) encontramos uma hierarquia de "aceitabilidade" de sentenças associada a uma tentativa de explicação da organização da memória, e seu efeito no desempenho.

Podemos dizer então que:

Princípio 22: Sequências de organização hierárquica complexa podem reduzir a legibilidade de um texto.

No entanto, como também já dissemos, a complexidade de uma sentença não se deve exclusivamente à complexidade de sua organização hierárquica, mas também a outras características de sua estrutura. Veremos, a seguir, mais uma dessas características: as negativas duplas.

Negativas duplas

Mesmo quando não são demasiado longas, algumas sentenças são difíceis de compreender porque contêm orações com mais de uma forma negativa. Curiosamente, no estilo falado é muito comum o uso de duas negativas em frases como as seguintes:

(23) [...] mas foi coisa mínima, sabe? **Nem** ponto **não** precisou.
(24) [...] a gente **nunca** fez ceia **não** ...
(25) [...] **não** tem muita diferença **não**.

(Exemplos retirados de material coletado por Magro, 1979.)

Se são frequentes no estilo falado, não deveriam constituir problema para a leitura. Mas as negativas duplas que apresentam dificuldade na leitura são diferentes das exemplificadas anteriormente. As do estilo oral têm a função de reforçar a ideia de negação: observe-se que a retirada da última negação de cada sentença não altera o sentido básico (retira-se apenas o reforço, fica a ideia de negação). Ao contrário, as negativas duplas do estilo escrito, de que falamos, não podem ser reduzidas a apenas uma. São formas como *não rejeitar, não impedir, não deixar de fazer*. Tais formas correspondem a afirmativas – *aceitar, permitir* e *fazer*, respectivamente – e por elas deveriam ser substituídas para facilitar a leitura.

Consideremos um exemplo retirado de um manual de 6ª série:

(26) Dispondo de somas enormes, Boinebroke **não deixa de** aplicá-las em rendosas operações financeiras: empresta dinheiro a diversas personagens importantes.

(Adaptado de Giordani, 1983. In: Faria, R. M. et al. Construindo a História – 6ª série)

Sem a negativa dupla, a sentença seria mais facilmente compreendida:

(27) Dispondo de somas enormes, Boinebroke as aplica em rendosas operações financeiras: empresta dinheiro a diversas personagens importantes.

Realizamos alguns testes com alunos do 2º período de curso universitário para verificar o nível de dificuldade das negativas duplas. A intenção era fazer um teste piloto que seria ampliado para alunos de graus inferiores, caso os resultados apontassem para algum nível de dificuldade. Os testes foram semelhantes àqueles realizados a propósito das inserções. Consistiram na apresentação aos alunos de dois tipos de textos – um com uma sentença com negativa dupla e o outro com a sentença numa forma afirmativa correspondente. Cada aluno foi testado duas vezes: uma vez com um texto na versão negativa, outra com **outro** texto na versão afirmativa.

Os resultados foram tão expressivos que dispensamos sua verificação com alunos de nível inferior: a grande maioria dos sujeitos testados teve dificuldade de processar orações com negativas duplas. É interessante observar ainda que o uso de negativas duplas em testes de múltipla escolha é um mecanismo usado frequentemente em concursos, com a intenção nítida de confundir o texto, perturbar o leitor e eliminar candidatos. Concluímos que, se mesmo leitores com alto nível de escolaridade têm problemas na compreensão de negativas duplas, imaginem-se os leitores menos experientes.

Mas não é qualquer uso de negativa dupla que deve ser abolido. Às vezes a sentença com negativa dupla contém uma pressuposição que é eliminada na versão afirmativa. Por exemplo, o texto (26) inclui o pressuposto de que o esperado é que Boinebroke aplicasse mesmo o dinheiro em questão; já a versão (27), sem a negativa, apenas relata o fato de que ele aplicou a soma em dinheiro, sem fazer qualquer alusão ao fato de ser essa a atitude mais esperada. Cabe ao autor, em casos como esse, julgar se a pressuposição embutida na estrutura negativa é relevante para o que ele quer comunicar.

Outras vezes, o uso de negativas duplas é absolutamente necessário. Veja-se, por exemplo, que as frases a seguir não têm o mesmo significado e, portanto, a negativa dupla de (28) não pode ser substituída pela forma afirmativa de (29):

(28) Isso **não impede** que eles venham.
(29) Isso permite que eles venham.

Mas uma frase como (30) pode e deve ser evitada, principalmente se consideramos que está incluída em um manual para alunos das primeiras séries do ensino fundamental:

(30) **Nem** assim a família **deixa de** ser uma família.
(Xerox sem indicação de autor – 1ª série)

Veja-se o texto reformulado, com a versão afirmativa da sentença:

(31) **Os membros da família**
Quase sempre a família é formada pelos pais e pelos filhos e filhas. Às vezes, em uma família, falta o papai ou a mamãe. **Mesmo assim a família continua sendo uma família.**

Os exemplos citados até aqui contêm negativas duplas na mesma oração, mas é interessante notar que, mesmo estando em orações diferentes da mesma sentença, duas negativas podem comprometer a legibilidade. Comparem-se os textos (32) e (33), que contêm negativas duplas, com as reformulações (34) e (35), que são versões afirmativas.

Versões com negativas duplas:

(32) **Não** queremos **deixar** de dizer que, quando a epidemia procede da vontade divina, não temos outro conselho a dar que o de recorrer humildemente a essa vontade, sem desprezar contudo as prescrições do médico.
(Opinião da Faculdade de Medicina de Paris, citada em Freitas. 1977. In: Faria, R. M. et al. *Construindo a História* – 6ª série)

(33) Por outro lado, o rei **não** podia aumentar seu poder, **a não ser** se apoiando nos servos contra seus senhores imediatos, o que não era muito fácil.
(Adaptado de Crossman, 1980. In: Faria et al. *Construindo a História* – 6ª série)

Versões afirmativas:

(34) Precisamos dizer que, quando a epidemia procede da vontade divina [...]
(35) Por outro lado, o rei só podia aumentar seu poder apoiando-se nos servos [...]

Há ainda um outro tipo de negativa que parece ser problemático. Trata-se das negativas que ocorrem com os advérbios chamados quantificadores, como *mais*, *apenas*, *só, menos,* etc., em expressões como *não mais que, não apenas ... mas também, não só ... como também, não ... mais que, nada mais ... que,* etc. Consideremos um exemplo retirado de um manual de 5ª série:

(36) As modernas turbinas hidráulicas das usinas hidrelétricas **não** são **mais que** adaptações das velhas rodas de moinhos e monjolos.
(Gowdak, D. *Nos domínios das Ciências* – 5ª série)

Sem a negativa, a sentença seria mais facilmente compreendida:

(37) As modernas turbinas hidráulicas das usinas hidrelétricas são simples adaptações das velhas rodas de moinhos e monjolos.

O texto (38) a seguir contém dois grupos de negativas duplas, sendo que o último par inclui quantificadores:

(38) [...] A **não** ser que todas as técnicas científicas estejam **erradas**, esses animais **não** são **apenas** parentes nossos, **mas** parentes bem próximos. Não porém nossos ascendentes.
(Linton, 1970. In: Faria, R. de M. et al. *Construindo a História* – 5ª série)

O efeito prejudicial das duas negativas duplas da primeira sentença se complica ainda mais com a negativa da segunda sentença. Compare-se agora a versão simplificada da primeira frase, com a eliminação dos dois pares de negativas:

(39) Se as técnicas científicas estiverem corretas, esses animais são mesmo parentes nossos, e parentes bem próximos.

Um outro problema que observamos com as negativas associadas a quantificadores é a sua posição na oração. Em (36) e em (38), como a palavra *não* vem antes do verbo, pode parecer que toda a oração é negativa, o que não é verdade. Por outro lado, se o *não* viesse depois do verbo, logo antes do quantificador como em (40) e (41) a seguir, o verbo ficaria fora do escopo da palavra *não*, e assim provavelmente o efeito prejudicial da negativa dupla seria minimizado.

(40) As modernas turbinas hidráulicas das usinas hidrelétricas são **não mais que** adaptações das velhas rodas de moinhos e monjolos.

(41) Se as técnicas científicas estiverem corretas, esses animais são **não apenas** parentes nossos, mas parentes bem próximos.

Mas, ainda assim, as sentenças (40) e (41) parecem mais difíceis de processar do que as versões afirmativas correspondentes (37) e (39), em que não aparecem negativas duplas.

Resumimos as observações desta seção no seguinte princípio:

Princípio 23: Negativas duplas e negativas associadas a quantificadores podem prejudicar a legibilidade dos textos.

Passivas X ativas

Alguns autores criticam o uso de sentenças passivas, sobretudo em manuais de História, porque com ela os agentes são camuflados e com isso omite-se a responsabilidade sobre seus atos. Discussões ideológicas à parte, a passiva tem sido frequentemente apontada como fator de complexidade de textos.

Testes psicolinguísticos mostram que sentenças passivas demandam em geral mais tempo para serem processadas do que sentenças ativas. Sabemos que o tempo é fator decisivo na compreensão, e que a demora no processamento de uma sequência pode significar uma quebra na compreensão. É importante observar que a demora no processamento de passivas não se deve ao seu maior comprimento. Gough (1965, *apud* Clark & Clark, 1977) mostrou que mesmo passivas sem o agente expresso – como *O Brasil foi descoberto em 1500* – levam mais tempo para serem compreendidas que ativas "completas", que são mais compridas, como *Pedro Álvares Cabral descobriu o Brasil em 1500*.

Outros autores como Olson (1972) e Turner & Rommetveit (1968, *apud* Clark & Clark, 1977) atribuem a facilidade de compreender ativas à sua "normalidade". Seus experimentos parecem mostrar que é mais "normal" perceber ou expressar eventos a partir de seus agentes do que a partir de seus pacientes. Essa "normalidade" corresponde, portanto, à estrutura Agente–Ação–Paciente. Podemos então dizer que qualquer forma passiva (analítica ou sintética) deveria ser evitada, para favorecer a legibilidade de textos.

Mas não é só a suspeita "anormalidade" da passiva que nos sugere ser ela um ponto de dificuldade na leitura. Em textos orais, a passiva é muito pouco utilizada. Para ressaltar um paciente, o recurso preferido é a topicalização, em vez da passivização. Usa-se geralmente a topicalização do paciente como em (42),

(42) Esse negócio de tópico eu tô examinando desde o semestre passado.

em vez de passivas como em (43):

(43) Esse negócio de tópico está sendo examinado por mim desde o semestre passado.

Assim, seguindo nossa hipótese inicial de que "pontos em que o texto escrito difere do oral são pontos críticos para o leitor inexperiente", podemos dizer que a baixa frequência de passivas no texto oral também seria motivo para desaconselhar seu uso em textos didáticos.

Observe-se, no entanto, que em certos casos a passiva pode desempenhar funções importantes. A primeira delas consiste justamente em permitir a omissão do agente. Considerem-se as passivas negritadas nos seguintes exemplos:

(44) Durante o período da Trégua, **mais de 50.000 caixas de açúcar foram levadas** do Brasil para a Holanda e quase dois terços do seu comércio e transporte esteve em mãos de holandeses.

(NADAI, E.; NEVES, J., *História do Brasil* nº 1 – 5ª série)

(45) No século XVI, em alguns pontos do litoral (Bahia, Sergipe, Ceará e São Paulo), **organizaram-se grupos** para realizar entradas para o interior. Estas expedições tinham dois objetivos: reconhecer o território descoberto e procurar riquezas. Elas eram estimuladas e às vezes organizadas pela própria Coroa, podendo por isso **ser consideradas** oficiais.

(NADAI, E.; NEVES, J., *História do Brasil* nº 1 – 5ª série)

Os trechos assinalados mostram como as passivas são importantes quando não se quer ou não se pode expressar o agente de uma ação. Em (44) e (45) fica claro que os agentes de *levar 50.000 caixas de açúcar* e de *organizar grupos* são vários e não precisam ser totalmente especificados. E em (45) a especificação do agente no trecho *podendo por isso ser consideradas oficiais* não é necessária: realmente não interessa quem "considera oficiais as expedições"; o agente é "quem quer que seja" e, nesse caso, a passiva é útil.

Mas a função da passiva não se resume em permitir a omissão do agente. A segunda função importante da passiva relaciona-se com a construção da estrutura de tópicos do texto. Retomemos o texto anterior (45). É o uso da forma passiva *elas eram estimuladas* que permite a sinalização adequada do tópico da sentença e a manutenção do tópico do texto – "as entradas". O uso de uma estrutura ativa, nesse caso, mudaria o tópico da sentença, passando de "as entradas" para "a Coroa", como se vê a seguir:

(46) [...] organizaram-se grupos para realizar *entradas* para o interior. Estas expedições tinham dois objetivos: reconhecer o território descoberto e procurar riquezas. A própria *Coroa* estimulava e às vezes organizava essas expedições que podem, por isso, ser consideradas oficiais.

Vimos anteriormente que as informações relativas ao tópico são mais facilmente processadas. Portanto, a sentença passiva de (45) seria mais legível que a versão ativa de (46), pois contém informação sobre "as entradas", que é o tópico do texto.

Resumindo o que vimos até aqui: (1) há motivos para se tentar evitar o uso de passivas, como o maior tempo necessário ao seu processamento comparativamente com as ativas, e a sua baixa frequência no texto oral; e (2) há casos em que não se deve evitar a passiva como, por exemplo, quando ela permite manter a organização da estrutura de tópicos do texto ou quando se pretende omitir o agente.

Mas ainda há considerações importantes a fazer. Clark & Clark (1977) citam um trabalho de Olson & Filby (1972) que mostra que, quando usadas adequadamente, as passivas podem ser tão ou mais fáceis de compreender que as ativas correspondentes. Os autores realizaram testes em que mostravam aos sujeitos uma gravura, por exemplo, de um menino acariciando um gato e lhes diziam para prestar atenção ao agente (o menino) ou ao paciente da ação (o gato). Pretendiam com isso induzir as pessoas a "codificar" a gravura tomando ou o agente ou o paciente como informação *dada* (sobre a noção de *dado/novo* veja-se o capítulo "Elementos dados e anáfora"). Apresentavam então às pessoas uma sentença ativa, como (47) a seguir, ou uma passiva, como (48), e lhes pediam para julgá-las como verdadeiras ou falsas, o mais rápido possível.

(47) O menino está acariciando o gato.
(48) O gato está sendo acariciado pelo menino.

O que concluíram foi que, quando o agente era considerado como informação dada, a ativa era mais rápida, mas quando o paciente era considerado como informação dada, **a passiva** era mais rápida.

Tendo em vista esses dados, vemos novos argumentos que mostram que a passiva em (45) é preferível à ativa em (46): nesse texto, o paciente ("as entradas") é a informação dada, pois é o tópico do texto. Por isso a passiva *as entradas eram consideradas oficiais* é mais facilmente interpretada do que a ativa *A Coroa considerava oficiais as entradas.* Nesse caso, a passiva é mais adequada, considerando o teste de Olson & Filby (1972).

Há ainda outros estudos que questionam a dificuldade de processamento atribuída às passivas. Vale citar o de Slobin (1966, *apud* Fodor, Bever & Garret, 1974). Em testes realizados também com gravuras, o autor verificou uma diferença na dificuldade de processamento entre ativas e passivas, mas **apenas** quando as passivas eram "reversíveis". Passivas reversíveis são aquelas que fazem sentido mesmo quando os SNs sujeito e objeto são trocados de posição. Por exemplo, *a menina foi vista pelo diretor* é reversível, porque também é possível uma frase como *o diretor foi visto pela menina*; mas *a escola foi inaugurada pelo diretor* não é, porque não se pode dizer

**o diretor foi inaugurado pela escola*. Os testes mostraram que as passivas reversíveis são mais difíceis de processar do que as ativas correspondentes. Já as passivas não reversíveis são mais fáceis e pareceram exigir o mesmo nível de processamento que as ativas correspondentes. Essa diferença é compreensível porque, no caso das passivas não reversíveis, a pragmática auxilia o leitor e dirige a sua interpretação. Já no caso das passivas reversíveis, o leitor só pode se apoiar na estrutura sintática para resolver a interpretação de quem é o agente e de quem é o paciente. O mesmo tipo de resultado foi encontrado por Walker et al. (1968, *apud* Fodor, Bever & Garret, 1974).

Vê-se portanto que a dificuldade de processamento da passiva é relativa e não pode ser apontada inequivocamente como se fosse sempre um aspecto negativo da legibilidade de textos. Apesar de alguns autores desaconselharem terminantemente o uso de passivas, como por exemplo Goswami, Redish, Felker e Siegel (*apud* Mendonça, 1987), vemos que, em algumas situações específicas, a construção passiva pode ter uma função importante no discurso e até contribuir para a legibilidade do texto.

Apesar dessas considerações, vamos sustentar o princípio de que:

> **Princípio 24:** Estruturas passivas podem dificultar o processamento do texto.

Mas não se deve concluir daí que toda passiva deve ser evitada. A decisão sobre o uso ou não da passiva deve levar sempre em conta os seguintes aspectos:

- a passiva pode ser necessária para omitir o agente de uma ação;
- a passiva é um recurso para organizar adequadamente a estrutura de tópicos do texto; e uma estrutura de tópicos bem sinalizada pode compensar o efeito negativo de uma passiva;
- apenas passivas "reversíveis" parecem dificultar a leitura.

Efeito do gênero textual

Mário A. Perini

Se nossos alunos leem mal, se mesmo nós, professores, frequentemente não lemos tão bem quanto deveríamos, isso não se deve apenas à falta de hábito de leitura, nem à preguiça, embora certamente se deva, como veremos, pelo menos indiretamente à má qualidade dos próprios textos. Existe um outro fator, de igual importância, ao qual geralmente não se dá atenção: muitos leitores não sabem bem o que é entender um texto, e não atingem o alvo por não saberem direito onde ele está.

O alvo, é claro, é a compreensão. Mas é preciso considerar que o alvo muda conforme o gênero do texto em questão: compreender um texto literário é algo radicalmente diferente de compreender um texto informativo (é "informativo e/ou argumentativo", mas vou dizer apenas *informativo*, para abreviar). Acredito que a falta dessa discriminação de gêneros é uma das muitas raízes das deficiências de leitura. Esse fator se soma aos demais fatores estudados neste livro, e merece algum exame. Como já se viu, o alvo (a compreensão do texto) pode se tornar inatingível porque o leitor não possui as informações prévias necessárias à integração de uma sequência de períodos em um texto coerente. Isso pode levar o leitor a estabelecer alvos aleatórios de compreensão, com os resultados que seriam de esperar.

Um elemento complicador do processo é que as pessoas costumam ter uma resistência a admitir que não compreendem um texto; e isso, aliado à má determinação dos alvos, vem a causar uma ilusão de compreensão que pode se tornar um hábito. No presente capítulo, gostaria de examinar alguns aspectos desse complexo de fatores, que é a meu ver uma das causas da incompetência em leitura que afeta tantos leitores.

Ler sem entender?

Pode-se argumentar que, quando uma pessoa não entende um texto, isso se torna imediatamente claro para ela: seria impossível não entender e ao mesmo tempo não perceber que não se entendeu. Infelizmente, não é assim; há evidência suficiente que mostra que é possível ler sem entender grande coisa, e que isso pode passar de liso para o próprio leitor. E, o que é mais, tal fenômeno não afeta apenas leitores principiantes. Vou citar dois experimentos que mostram claramente que é possível chegar a uma ilusão de compreensão totalmente sem fundamento.

O primeiro experimento foi realizado por Mosconi (1978). Segundo o relato de Baldini (1989), Mosconi escolheu um texto (a apresentação de uma exposição de escultura) que ele considerou, já de início, um exemplo de discurso superficialmente complexo e de pouco conteúdo real,

> e o manipulou ligeiramente: ou seja, trocou de lugar 25 por cento dos substantivos, deslizando para a frente um substantivo de cada quatro, de modo que ocupava o lugar liberado pelo precedente. A primeira frase foi poupada desse violento tratamento, de modo que figurava inalterada tanto no texto original quanto no texto "deslizado". (Baldini, 1989: 14)

Mosconi testou a compreensão dos dois textos (o original e o deslizado) apresentando-os a estudantes universitários. Cada estudante recebeu apenas um texto, e depois Mosconi pediu uma avaliação. O que aconteceu foi que a reação dos estudantes diante dos dois textos foi idêntica – não obstante o texto deslizado ser, obviamente, sem sentido:

> nenhum dos estudantes entrevistados rejeitou os textos, nem o original nem o deslizado; todos se comportaram como se os tivessem compreendido, pelo menos até certo ponto. (Baldini, 1989: 15)

Vamos nos deter um momento e analisar esses resultados. Se o texto original fosse compreensível, o procedimento utilizado por Mosconi seria imediatamente detectado, e os leitores julgariam a versão deslizada incompreensível, ou pelo menos seriamente malformada. Para ter uma ideia do efeito, vamos pegar o início de uma história bem conhecida:

(1) Era uma vez uma menina chamada Chapeuzinho Vermelho. Um dia sua mãe, que estava fazendo bolinhos, chamou a menina e pediu que ela levasse uma cesta de bolinhos para sua avó, que morava em uma casinha no meio de uma floresta.

O deslizamento dos substantivos transformaria esse texto em

(2) Era uma vez uma menina chamada Chapeuzinho Vermelho. Uma floresta sua mãe, que estava fazendo bolinhos, chamou a menina e pediu que ela levasse um dia de bolinhos para sua avó, que morava em uma casinha no meio de uma cesta.

É evidente que esse tratamento simplesmente destrói o sentido de qualquer texto. Se esse efeito não é percebido, o mínimo que podemos concluir é que o texto original não foi compreendido. No entanto, os sujeitos do experimento não perceberam isso.

Outro exemplo é citado por Boghossian (1998), e já é famoso. O experimento dessa vez foi a publicação, na revista *Social Text*, de um artigo de Alan Sokal, no qual o autor deliberadamente incluiu um sem-número de absurdos, disfarçados por trás de um jargão pretensamente "pós-modernista".[1] O texto de Sokal (um físico da Universidade de Nova York) é uma verdadeira paródia, e contém afirmações como:

> o π de Euclides e o G de Newton, antigamente imaginados como constantes e universais, são agora entendidos em sua inelutável historicidade. (Sokal e Bricmont, 1999: 16)

Qualquer pessoa que tenha feito um segundo grau razoável percebe o absurdo de afirmar que a relação entre a circunferência e o diâmetro ou o valor da aceleração da gravidade são dependentes do momento histórico. Não obstante, o artigo foi aceito e publicado pela revista.

O artigo, vamos deixar claro, não é de física nem de matemática; pretende ser de filosofia da ciência. Nele, Sokal critica justamente o uso incorreto de noções físicas e matemáticas, cuja única função é dar uma aura de cientificidade aos trabalhos dos filósofos pós-modernos. Em seu livro, Sokal e Bricmont (1999) citam e discutem especificamente obras de Jacques Lacan, Julia Kristeva, Luce Irigaray, Bruno Latour, Jean Baudrillard, Gilles Deleuze, Félix Guattari e Paul Virilio, autores franceses que parecem ser particularmente influentes.

[1] Esse artigo é reproduzido em Sokal e Bricmont, 1999.

A hipótese de Boghossian sobre a aceitação do texto é de que os editores da revista

> na verdade tinham muito pouca ideia do que significam muitas das sentenças, e assim, para começar, não estavam em condições de avaliá-las quanto a sua plausibilidade. A plausibilidade ou mesmo a inteligibilidade dos argumentos de Sokal simplesmente não entraram em suas considerações. [...] Não se pode evitar a conclusão de que os editores da *Social Text* ignoravam o significado de muitas das sentenças do ensaio de Sokal; e que eles simplesmente não se importavam com isso. (Boghossian, 1998: 25-26)

Se isso pode acontecer com os editores de uma revista profissional, não é de espantar que ocorra igualmente com nossos alunos. A diferença, claro, é que os alunos talvez ainda possam ser salvos.

O que é "entender"?

A discussão que precede neste livro deixa bem claro que entender um texto informativo é retirar dele informações e integrá-las em um sistema de conhecimentos preexistente na memória, de modo a construir uma espécie de "paisagem mental" coerente e ancorada em conhecimentos prévios. Vimos, e cabe relembrar, que esse processo depende crucialmente da participação ativa do leitor, que, longe de ser um simples receptáculo para a informação do texto, colabora ativamente na construção da paisagem mental. Isso se verifica desde os níveis mais restritos (identificação das letras do alfabeto, por exemplo) até os mais abrangentes (compreensão do tópico central, dos subtópicos do texto e das relações entre eles). Um texto bem compreendido permite, ainda, a formulação de inferências de caráter lógico ou de expectativas de diversos tipos. O resultado é, portanto, um sistema de informações extremamente rico e complexo. Aí reside a grande força do texto escrito, e aí estão igualmente os grandes problemas do leitor.

Os dois gêneros

Sustento que um dos problemas envolvidos na desaprendizagem da leitura é a confusão de gêneros. "Gênero", aqui, se refere à oposição entre textos literários (principalmente poéticos *lato sensu*) e textos informativos. Sei que estou simplificando muito as categorias, mas para meus objetivos essa é a divisão fundamental, de maneira que não tentarei elaborá-la.

Cada um dos dois gêneros determina uma estratégia de leitura diferente. A leitura de um texto informativo envolve a construção de uma paisagem mental baseada nas informações do próprio texto, somadas às inferências baseadas nessas informações e autorizadas por operações de ordem lógica e por relações fundamentadas em expectativas de alta probabilidade, comuns a todos ou à maioria dos leitores. Por exemplo, seja o texto seguinte:

(3) A Segunda Revolução Tecnológica introduziu a utilização em massa da energia elétrica e dos motores a combustão como força motriz. O sistema industrial passaria a ter uma base técnica eletromecânica.

O uso da eletricidade veio proporcionar uma forma de energia bem mais constante e confiável para o funcionamento dos equipamentos fabris que as existentes anteriormente. O caminho estava aberto para a inauguração da época da produção em massa no início do século xx.

(Adaptado de Segrillo, 2000: 38-39)

A compreensão adequada desse texto deve incluir ingredientes tais como:

Informações do texto:
(a) consequências da Segunda Revolução Tecnológica;
(b) mudanças no sistema industrial;
(c) vantagens do uso da eletricidade;
(d) aparecimento da produção em massa no século xx.

Relações lógicas:
(a) foi causa de (b);
(a) e (c) foram causas de (d).

Inferências de base lógica:
Sem eletricidade, a produção em massa não teria se desenvolvido.

Expectativa:
As outras formas de energia usadas anteriormente começaram a ser abandonadas.
etc.

Todas essas informações são autorizadas pelo texto, e são presumivelmente incorporadas à paisagem mental construída pelo leitor.

Já o texto literário pode, em muitos casos,[2] dispensar esse tipo de processamento, indo diretamente à apreciação – e eventual fruição – de ingredientes muito menos racionais. Pode-se comparar a leitura de um texto desse tipo à apreciação da música, em que a referência a coisas do mundo real e as relações de ordem lógica são secundárias.

---

[2] Não em todos os casos, evidentemente. Um romance, por exemplo, requer uma interpretação literal, como pelo menos um dos ingredientes de sua compreensão total.

De certo modo, portanto, podemos dizer que um texto poético está escrito em uma linguagem diferente da de um texto informativo, pois sua interpretação decorre de regras e princípios diferentes.

Ora, ler um texto poético em função das informações que ele traz é errar o alvo. Não podemos achar que Drummond escreveu para falar de uma pedra que estava no meio do caminho, e ficar por aí. E o oposto – ler um texto informativo utilizando as estratégias apropriadas à leitura de um texto literário – é igualmente inadequado.

Características do texto informativo

É importante enfatizar que o texto informativo é, em intenção, unívoco, ou seja, pretende veicular uma mensagem que não deve variar de leitor para leitor. Procura-se excluir, desde logo, qualquer interpretação subjetiva ou pessoal – muito ao contrário do texto literário, que é frequentemente concebido como "causa potencial de experiências", isto é, como a "obra aberta" de que fala Umberto Eco. O texto informativo é, na medida do possível, um exemplo de "obra fechada".

Isso pode parecer uma visão limitada. Mas vamos pegar uma analogia: um médico precisa conhecer os medicamentos que receita, e para isso, em muitos casos, ele depende da bula e do *Dicionário de Especialidades Farmacêuticas*. Ora, é evidente que esses textos precisam estar vazados no estilo menos "aberto" possível, pois estipulam as propriedades, contraindicações, posologia, etc. dos medicamentos a que se referem. Ninguém defenderia o direito de um médico de interpretar livremente um desses textos; sabemos que as consequências poderiam ser desastrosas.

Em comparação com um linguista ou um estudioso da literatura, os médicos lidam com eventos e substâncias muito concretas, mas no fundo a situação é a mesma: os textos informativos de qualquer disciplina referem-se (ou deveriam referir-se) a fatos do mundo real (físico ou psicológico): da língua, da literatura, ou do que seja, e de teorias sobre esses fatos. O tratamento a ser dado a esses textos deve ser fundamentalmente o mesmo.

Note-se que isso significa que um texto de estudos literários não é em absoluto um texto literário – é um tipo de texto informativo. Os estudiosos da literatura estão, tal como os linguistas, empenhados na tarefa de criar uma ciência; e com isso devem assumir as responsabilidades do pensamento científico – que envolvem compromisso com fatos observáveis, com encadeamentos lógicos e com a precisão e clareza da expressão.

Voltando ao texto de Segrillo sobre a Revolução Tecnológica, não seria adequado entendê-lo como um hino de entusiasmo pelas conquistas da tecnologia moderna, nem tampouco como um lamento quanto ao desaparecimento do mundo antigo, caracterizado pela produção artesanal e pela luz de velas e lampiões. Isso, não porque o texto não possa, em princípio, ser interpretado assim, mas porque o *gênero* em que ele se insere (texto informativo, tirado de um livro de História) não permite esse tipo de interpretação, não autorizada por operações lógicas e quase-lógicas como as que foram mencionadas anteriormente. Como se vê, o gênero determina, de maneira muito radical, o tipo de interpretação que um texto pode receber.

Lendo textos informativos

Um dos problemas da leitura de textos informativos, em especial quando são particularmente complexos,[3] é que o leitor pode tentar aplicar a textos de um gênero as estratégias de processamento apropriadas a outro. Assim, diante de um trecho como o seguinte,

(4) O desejo animal fornece somente a percepção de si, já o desejo humano promove a autoconsciência. Ora, o desejo humano também é relativo ao objeto; porém, não do mesmo modo. Pelo fato de ter como objeto um outro desejo, o desejo humano, de certa forma, tem como conteúdo a renúncia ao objeto imediato. Isso constitui a autoconsciência, fato esse que pode ser compreendido a partir da consideração de que [...] o Eu originariamente está vazio; seu conteúdo provém do objeto de seu desejo[4].

o leitor o trata como se fosse um texto literário, procurando entendê-lo através de uma percepção impressionística que deve muito pouco à estrutura lógica e informacional presumivelmente pretendida pelo autor. Como resultado, ele constrói uma paisagem mental subjetiva, eivada de intenções estéticas, insinuações vagas, impressões nebulosas – algo que faz sentido, evidentemente, na leitura de um poema, onde a estrutura lógico-informacional não é senão instrumento para uma mensagem subjacente, mas não em textos informativos, em que a estrutura lógico-informacional *é* a mensagem. Ou seja, o problema é que, em vez de construir uma estrutura de informações, o leitor procura um conjunto composto de impressões e ideias sugeridas mediata ou imediatamente pela leitura do texto, normalmente sem base em vinculações de ordem lógica.

Noretta Koertge menciona um procedimento de "leitura" de textos informacionais que se insere no mesmo quadro preocupante de abordagem inadequada ao gênero em questão; ela menciona

[3] A complexidade, naturalmente, é relativa. Nos melhores casos, a complexidade decorre diretamente de falta de informação prévia por parte do leitor; nos piores, de estratégias do autor, que esconde atrás do palavreado complicado a pobreza de ideias.

[4] De um comentário de P. Burzio à filosofia de A. Kojève. É possível que esse texto tenha algum sentido, mas nesse caso sua compreensão depende de informações prévias de que eu, pelo menos, não disponho.

> livros-texto do tipo escrever-sobre-todo-o-currículo, nos quais o estudante é levado a avaliar artigos sobre problemas controversos tais como o descarte de lixo atômico ou o aquecimento global na base das estratégias narrativas e dos recursos retóricos usados, em vez de fazê-lo através de uma análise dos argumentos e do tipo de evidência científica fornecida. (Koertge, 1998: 258)

Parece-me que temos aqui essencialmente o mesmo problema: um tipo de leitura adequado a um gênero é transferido, sem mais aquela, à leitura de textos de outro gênero radicalmente diferente.

É claro que nenhum texto pode ser totalmente unívoco; mesmo um texto informativo de caráter bastante concreto requer, como vimos, o emprego de operações baseadas em simples expectativas. Isso dito, continua sendo verdade que é vasta a diferença entre uma bula de remédio e um poema hermético de Montale ou Jorge de Lima. Distinguir entre esses dois extremos é fundamental para nossos objetivos.

Raízes: na escola

É possível que esse tipo de estratégia seja favorecido pela maneira como muitos professores tratam o estudo de texto na escola elementar e média. Baseando-se quase exclusivamente em textos literários, treinam os alunos na leitura e interpretação de apenas um gênero, passando a ideia de que só existe uma maneira de entender um texto, seja qual for o gênero. Os alunos desenvolvem a noção de que todo e qualquer texto tem um "sentido oculto", a ser depreendido através da intuição direta e da introspecção. Não lhes ocorre que muitos textos sejam totalmente isentos de metáforas poéticas.[5]

O exame de alguns livros-texto de Português para 5ª e 6ª séries revela uma situação interessante: de seis manuais diferentes examinados, cinco contêm exclusivamente textos literários (narrações e poesia) como centro de interesse das lições e objeto de estudos de texto. Um, o de Mesquita e Martos (1993), inclui textos informativos (notícias de jornal e divulgação científica), numa proporção de cerca de um terço do total de textos (9 em 31). Ou seja, computando os seis manuais, verifica-se que, de mais de 150 textos no total, apenas nove são informativos (e esses nove estão todos em um único manual). Já aqui se percebe o papel mais que secundário desempenhado pelos textos informativos no treinamento de leitura e interpretação recebido pelos alunos dessas séries.

Diante dessa situação, é de suspeitar que os alunos estejam sendo intensivamente treinados na interpretação de textos literários (não tenho nada contra isso, é claro), mas com muito pouca instrução quanto às estratégias a aplicar no caso de textos

---

[5] Não de toda e qualquer metáfora; mas isso já é outro assunto.

informativos – estes ocorrem em sua experiência apenas como parte de disciplinas como Ciências, Geografia, Gramática e História, e não são acompanhados de nenhuma atividade sistemática de estudo de texto.

Para ser justo, devo observar que os estudos de texto frequentemente se dirigem a uma compreensão bastante "literal" dos textos, mesmo aplicando-se quase sempre a textos de cunho literário. Por exemplo, em Bassi e Leite (1992) o estudo do texto "Vó caiu na piscina", de Carlos Drummond de Andrade, se concentra em perguntas sobre o que aconteceu antes e depois do evento principal; o lugar onde este ocorreu; e a localização dos trechos que exprimem a voz do narrador e a voz dos personagens. Tudo isso faz muito sentido em um texto narrativo, e é igualmente útil para textos de caráter informativo, mas persiste o problema de que estes últimos estão totalmente ausentes do livro. Em conclusão: a julgar pelos livros-texto, a situação não é a pior possível, mas ainda há muito o que melhorar.

Mas essa é apenas a situação no nível médio. Resta verificar que tipo de treinamento os alunos recebem em níveis mais avançados, como o pré-vestibular (que tipo de compreensão é cobrado no vestibular?) e no próprio curso superior, em especial no de Letras: será que os textos exigidos foram selecionados levando-se em conta os conhecimentos prévios dos alunos? Já vi casos de alunos de graduação perdidos diante da tarefa de ler dificílimos textos de Deleuze, Chomsky ou Saussure, fabricando interpretações fantasiosas por não terem outra saída.

Raízes: textos obscuros

Estamos considerando aqui o leitor, e não o autor. Mas há casos em que o autor praticamente impossibilita a tarefa do leitor, criando textos que *não podem* ser interpretados univocamente. Ou seja, para repetir o que se disse no capítulo "Vocabulário" deste livro, "em textos didáticos [...] não deveria ser admissível o uso de linguagem pouco transparente, uma vez que se trata de um texto informativo por excelência, cujo objetivo maior é ser compreendido. Nesse caso, dada a função e os objetivos do texto didático, o autor tem a responsabilidade de procurar a clareza a todo custo".

Neste livro já se tratou da importância da percepção do tópico de um texto para sua compreensão: o tópico condiciona as referências e restringe as possibilidades de ambiguidade, que são invariavelmente muitas em qualquer texto. Desejo enfatizar agora que a percepção do gênero (no sentido aqui utilizado) é igualmente importante. A situação é particularmente séria quando o material a ser lido, embora de caráter informativo, envolve certo grau de abstração. A dificuldade de construir a paisagem mental sobre entidades que, elas próprias, dependem de definição rigorosa, pode representar um fator adicional de complicação, levando a soluções de emergência que podem ser seriamente inadequadas.

Soluções?

Este capítulo oferece um diagnóstico, e não pode se estender em sugestões de tratamento. Mas, em parte, é bastante óbvio o que se deve fazer: é preciso incrementar significativamente o treinamento em leitura e compreensão de textos informativos, inclusive através de estudos de texto específicos ao gênero. E, como pré-requisito, é necessário desenvolver nos alunos (e nos professores) a preocupação de identificar com precisão o gênero de texto a ser lido em cada ocasião. Cada gênero requer uma abordagem própria, e confusões nesta área geralmente resultam em desastre. Finalmente, é necessário sensibilizar professores e autores de manuais quanto à importância de levar em conta o nível de conhecimento dos alunos ao selecionar ou elaborar textos a serem estudados – ler um texto inacessível é sempre uma perda de esforço e tempo, e às vezes uma experiência em desaprendizagem.

Conclusão

Uma falsa dicotomia: ler é compreender ou criticar?

A ideia básica que orienta as observações apresentadas neste livro é a de que os textos informativos devem ser legíveis – não só os textos didáticos para aprendizes, mas qualquer texto informativo, de qualquer nível. Se é assim, os textos informativos deveriam ser planejados de forma a objetivar a compreensão das informações. Essa deveria ser a meta. Quanto à leitura, o objetivo primeiro deve ser o de entender a mensagem; e para isso, quanto mais legível for o texto, maior a possibilidade de sucesso na tarefa da montagem do significado.

Os textos didáticos, além disso, deveriam ser construídos com vistas a facilitar a tarefa de aprendizagem da habilidade da leitura, levando o aluno a adquirir progressivamente as estratégias envolvidas na interpretação do texto escrito.

O primeiro passo para construir textos legíveis, e o mais importante deles, é imaginar o leitor ao qual o texto se destina e assim avaliar o tipo de conhecimento prévio desse leitor. A adequação do texto aos conhecimentos do leitor é a maior garantia de compreensão das informações.

A segunda questão, relevante especialmente na aprendizagem da leitura, refere-se à diferença entre língua escrita e língua oral. Como o estilo da língua oral, que o aluno já conhece, é bastante diferente do estilo escrito, o estudante precisa aprender estratégias diferentes de decodificação e de interpretação do material escrito. O que sugerimos é que as dificuldades de leitura não sejam apresentadas sem controle, de forma desordenada e cumulativa; ao contrário, sugerimos que o autor organize o texto de forma a facilitar a tarefa da compreensão, para oferecer ao aprendiz não só a possibilidade de aprender o conteúdo da disciplina (seja ela Geografia, História ou Ciências), mas também a possibilidade de aprender a ler de forma gradual e sem traumas.

A compreensibilidade e a clareza textual, no entanto, nem sempre são objetivadas pelos escritores, que algumas vezes não se preocupam com a legibilidade textual e, ao contrário, valorizam a linguagem hermética, rebuscada, confusa e pouco precisa. Parece evidente que a tarefa primordial do leitor é compreender o texto, mas nem sempre o autor colabora nesse sentido. Mas se o leitor não entende o que lê, todo o esforço empreendido na leitura é em vão.

Por outro lado, existem propostas diferentes sobre a atividade da leitura. Há quem questione a construção textual que visa à facilitação da compreensão.[1] Entendemos, no entanto, que não podemos perder de vista que, diante de textos informativos, o objetivo principal do leitor é entender. Quando o texto reflete as expectativas e as estratégias do leitor, a leitura é mais rápida, e portanto mais eficiente. É nesse sentido que se orientam as hipóteses sobre legibilidade que desenvolvemos neste livro.

Outros autores apresentam como essencial a postura crítica diante do texto. Não discordamos. Só achamos que não se pode criticar o que não se entende.

Para Kleiman (1989a), texto legível é aquele que "permite o envolvimento do aluno como sujeito que infere, reflete, avalia" (p. 175). A leitura deve ser uma leitura crítica:

> a leitura sinônimo de recepção passiva de informação [...] leva o aluno a aceitar sem questionar a palavra escrita, em vez de conscientizá-lo de que é possível fazer leituras múltiplas de um mesmo texto. (p. 41)

A preocupação com a aquisição de uma postura crítica é absolutamente legítima. É, sem dúvida, o estágio ideal de leitura a que a escola deve conduzir o aluno, depois de vencida a etapa da compreensão do texto. Aliás, a postura crítica diante de qualquer aspecto do mundo é um ensinamento não só desejável mas imprescindível na formação do estudante, e deve se estender a todo tipo de material, não apenas o material lido.

Mas nossa proposta de investir na legibilidade dos textos não se refere ao estágio da leitura crítica. Ela se dirige ao nível da compreensão, que é o estágio inicial da leitura, aquele em que o leitor está tentando construir um sentido para o texto, até mesmo para poder criticar depois.

---

[1] Kleiman (1989a:158), por exemplo, questiona o "papel facilitador da familiaridade com uma estrutura textual [...] na leitura de textos didáticos" e os "mecanismos de estruturação simplificantes".

Tomemos um exemplo de texto escrito:

(1) "[...] Além disso, contudo, há uma outra fonte que paga as pesquisas em ciência e tecnologia: as empresas diretamente interessadas. Em geral, essas empresas não se interessam por ciência e tecnologia, mas pelo desenvolvimento de produtos e processos que resultam em vantagens comerciais para elas. Essa fonte é importantíssima na Coreia do Sul, onde 80% dos dispêndios com ciência e tecnologia são feitos pelas próprias empresas e os 20% restantes ficam por conta do governo."

(Goldemberg, J. In: *Revista Super Interessante*, ano 5, n. 6, p. 8)

No nível da interpretação e da análise textual, o leitor pode imaginar, com a leitura do texto (1), que o autor está fazendo uma crítica às empresas que só visam ao lucro. Ou pode ele próprio fazer essa mesma crítica e censurar o autor do texto por enaltecer as empresas sem apontar sua "selvageria capitalista"; pode criticá-lo por usar a expressão *vantagem comercial* em lugar de *lucro*, que é uma palavra mais "forte" e mais direta. Mas a interpretação, a crítica, qualquer que seja, depende da compreensão do material linguístico do texto. Depende, por exemplo, de compreender o significado dos itens, como *vantagem comercial*, ou de perceber a oposição proposta entre "interesse científico e tecnológico", de um lado, e "lucro", de outro. É com esse aspecto de compreensão da leitura que nos preocupamos neste livro.

Se se aprende a ler lendo, devemos interferir no processo do aprendizado de forma a permitir ao aluno a aquisição gradativa das habilidades necessárias à leitura; não através de exercícios artificiais, mas através do confronto natural com textos legíveis, isto é, através da apresentação ao aluno de textos compreensíveis e com nível de dificuldade que aumenta à medida que ele se torna mais hábil. Isso diz respeito não só à forma linguística, mas também à organização do conteúdo.

O grande desafio de tal tarefa é conhecer as habilidades que o leitor possui. Que fatores da organização do texto apresentam dificuldade para que tipo de leitor? É possível chegar a uma proposta de gradação de dificuldades que corresponda às séries da escola? A resposta a perguntas como essas podem começar por pesquisas que aprofundem o estudo contrastivo entre o estilo escrito e o estilo falado. Conhecendo como funcionam os dois sistemas, conheceríamos as estratégias que o aprendiz provavelmente domina (aquelas do estilo oral, em que ele já se comunica) e aquelas que ele precisa adquirir (as do estilo escrito, com o qual está entrando em contato). E então, com a compreensão garantida, apoiada no conhecimento prévio do leitor, seria possível garantir também a aquisição de uma postura crítica.

Todo texto é passível de interpretações múltiplas?

Não se tire do que foi dito que compreensão e crítica são coisas totalmente dissociadas. Deve ter ficado claro no decorrer do trabalho que a experiência do leitor interfere na compreensão do texto. Assim, um pré-julgamento pode conduzir a interpretações variadas. Por exemplo, uma simples frase como "você esteve brilhante hoje" será compreendida de maneiras diferentes, dependendo de se o ouvinte considera seu interlocutor um admirador, um puxa-saco ou um adversário.

Essa concepção de leitura que permite interpretações variadas se aplica especialmente ao texto literário, no sentido de que nesse estilo são admissíveis várias "leituras" para o mesmo texto. Até um único leitor pode oferecer várias interpretações para um texto. Esse é um dos aspectos da literatura que estimula o gosto pela leitura como atividade lúdica que desperta emoções e dá prazer.

Mas será que um texto informativo também permite o mesmo grau de interpretações variadas? Será que diante de uma instrução para a montagem de um móvel, ou diante de informações sobre como funciona um aparelho eletrônico, por exemplo, há várias leituras possíveis?

A esse respeito, consideremos um texto didático apresentado no capítulo "Elementos dados e anáfora":

(2) Protozoários são animais formados de uma só célula. Entre eles existem os perigosos por serem patogênicos, como, por exemplo, as entamebas. No organismo humano, elas causam disenteria com perda de sangue.

Será imprescindível uma leitura "crítica" de um texto como (2)? Há algo a criticar ou avaliar? Ou será suficiente que o aluno compreenda o que são protozoários, de que tipos são, etc.?

Textos informativos como esse são menos suscetíveis a críticas. Mas mesmo quando a crítica é viável, antes de criticar é preciso entender o que é que o texto diz.

Um adendo: a legibilidade na tradução

Resta-nos comentar um ponto especial relativo à legibilidade: trata-se dos textos traduzidos. Como se sabe, boa parte do material informativo publicado no Brasil é de textos estrangeiros traduzidos para o português. O peso da tradução se torna mais evidente em livros de graduação e pós-graduação, sem falar no material de divulgação científica.

É relevante então perguntar: na versão brasileira, os textos informativos traduzidos são bem construídos, claros e compreensíveis? Os textos traduzidos são legíveis?[2]

Independentemente da resposta, cabe uma indagação importante, que parece não ter sido ainda objeto de discussão aprofundada por parte dos especialistas: qual é o compromisso do tradutor? O tradutor tem compromissos com o leitor, e portanto deve construir sempre um texto legível, claro e bem construído, independentemente da qualidade do original? Ou tem mais compromissos com o autor, e deve reproduzir fielmente o texto original, sem considerações quanto à sua qualidade de leitura? Se o escritor não escreve de forma clara, o tradutor também deve construir uma tradução ilegível? Ou deve introduzir modificações, alterando a estrutura da composição original? Qual deve ser a atitude do tradutor diante de um original com baixa qualidade quanto à legibilidade? O tradutor deve interferir no discurso original para criar melhores condições de leitura? Para quem traduz o tradutor: para o escritor, respeitando o seu estilo e seu texto, ou para o leitor?

Essas perguntas ainda não foram respondidas definitivamente, e portanto não há precisão quanto ao comportamento e os compromissos do tradutor. Diante de originais pouco claros a tarefa do tradutor é espinhosa.

Tendo em vista questões importantes como essas, Bastianetto (2004) desenvolveu uma pesquisa objetivando estudar a legibilidade de textos traduzidos. Uma conclusão importante é a de que parece haver uma preocupação do tradutor com a legibilidade do texto que ele constrói, tendo em vista a seguinte constatação:

> A partir dos resultados da análise, foi provado, ainda, que textos com baixo índice de legibilidade na língua do texto de partida não são necessariamente pouco legíveis no texto de chegada. (p. 189)

Apesar dos esforços do tradutor, foi observado que frequentemente o leitor de textos traduzidos é levado à releitura em busca da compreensão. Os fatores geradores de dificuldade de leitura podem se originar de questões intrínsecas à composição do discurso na língua de origem, mas também de escolhas feitas pelo tradutor, tanto em nível lexical quanto em nível morfossintático ou estilístico. Um problema frequente é a transferência de traços da língua original no texto traduzido, principalmente no aspecto lexical. Testes de leitura destinados a medir a compreensão de textos traduzidos revelaram que em aproximadamente metade dos textos traduzidos a ilegibilidade foi decorrente do ato tradutório.

---

[2] Convém sempre lembrar que em todo este livro estamos tratando *exclusivamente* dos textos informativos, deixando de lado os textos literários, que têm objetivos distintos. Diferentemente do material informativo, composições literárias têm intenções estéticas, e a ilegibilidade pode ser até mesmo um artifício intencional do escritor para provocar um certo efeito estilístico. Sendo assim, a tradução de textos literários deve ser considerada de forma particular quanto ao aspecto da legibilidade.

Um aspecto especialmente relevante para a legibilidade de textos estrangeiros diz respeito ao tipo de conhecimento prévio necessário para a compreensão. É preciso lembrar que o texto em língua estrangeira foi escrito para outro tipo de leitor, isto é, para um indivíduo que conhece a cultura da qual faz parte aquela língua, e não para o brasileiro. Sendo assim, muitas vezes o texto faz referência a fatos ou situações que um leitor não nativo desconhece, e também cria pontes de sentido ou exige inferências que se apoiam em conhecimento prévio não possuído pelo leitor brasileiro. Por exemplo, um texto americano que fale a respeito das abóboras vendidas em outubro pode ser incompreensível numa cultura que não festeje o *Halloween*. Bastianetto também ilustra essa questão:

> Exemplificando, uma metáfora ou um provérbio traduzidos literalmente poderão resultar incompreensíveis, ao passo que o emprego da modalidade tradutória da modulação [que expressa, através de termos não traduzidos literalmente, o significado mais próximo do original] poderá manter, na língua de chegada, o sentido da língua de partida. (p. 188)

Em seu estudo, Bastianetto detectou, além das questões relacionadas ao conhecimento enciclopédico, problemas relacionados à complexidade discursiva em tradução, como os erros de referenciação, em especial os relativos à dificuldade de identificação do referente da anáfora. Com relação ao léxico, os resultados do estudo levaram às seguintes generalizações:

> 1) a adoção de palavras de baixa frequência de uso na língua de tradução, com o possível objetivo de manter o registro da língua do texto de origem, pode comprometer a compreensão;
> 2) a adoção do termo de especialidade para leitores não especialistas cria problemas de compreensão, mas evitar seu emprego não garante que a compreensão seja alcançada;
> 3) a combinação de itens léxicos que implicam conhecimentos prévios dificulta a compreensão;
> 4) o conhecimento prévio favorece a apreensão textual e discursiva. (p. 190)

Bastianetto também apontou uma estreita relação entre a legibilidade e a recriação argumentativa: se o texto traduzido não é legível, não é capaz de reproduzir a força argumentativa do original. A conclusão gerada pela análise dos testes de leitura revelou que, em todos os casos em que houve um baixo índice de legibilidade, faltou também argumentatividade. Por outro lado, foi também verificado que a construção de um texto traduzido legível não garante, por si só, a reprodução argumentativa.

Vê-se que os textos estrangeiros apresentam especificidades com relação à legibilidade, que deveriam ser consideradas pelo tradutor, com vistas à construção de uma tradução legível. Questões como essas mostram-se especialmente importantes quando se considera o volume de obras traduzidas no Brasil e a necessidade de obtenção de informação a partir de textos traduzidos.

Resumindo a proposta: como facilitar a leitura de textos informativos

A proposta básica deste trabalho é a de que, melhorando a legibilidade dos textos, favorecemos a compreensão e facilitamos o aprendizado da leitura. A legibilidade é definida com base na interação entre o leitor e o texto ou, mais especificamente, entre o conhecimento prévio do leitor e a informação que ele capta do texto.

Procuramos mostrar que um texto é mais legível na medida em que permite ao leitor usar maximamente as estratégias de compreensão de que dispõe, em especial o seu conhecimento prévio. Provavelmente esse é o aspecto mais relevante na leitura: a utilização do conhecimento prévio, sobretudo com relação ao assunto do texto. A força desse fator é tão expressiva que, mesmo em textos mal construídos e com vários problemas de legibilidade, se o leitor já domina previamente o tópico desenvolvido, pode superar qualquer outra dificuldade – seja ela de vocabulário, ou relativa à organização do discurso, ou relativa à estruturação das sentenças, por exemplo. Em outras palavras, sugerimos que quanto mais a organização de um texto se apoiar em conhecimentos já possuídos pelo leitor e confirmar as suas expectativas, maior a eficiência da leitura.

Com base em algumas tendências verificadas na leitura natural de textos ou em experimentos controlados realizados por diversos autores, formulamos princípios sobre características da estrutura do texto que podem constituir problemas para a leitura. Ressaltamos ainda que os traços dificultadores interagem uns sobre os outros de maneira que a legibilidade de um texto deverá ser determinada não em relação a aspectos isolados, mas considerados em conjunto.

Esperamos que dos princípios formulados possam ser derivadas atitudes que visem a planejar textos legíveis e facilitar a tarefa da leitura. Esperamos também que professores e autores de livros didáticos possam compreender melhor a complexidade da tarefa de ler e tenham alguns parâmetros para analisar aspectos que podem trazer dificuldades na compreensão de textos escritos.

Enfatizamos mais uma vez que o aprendizado da leitura não é feito apenas durante a aula de português, mas principalmente através do contato do leitor com o texto, seja ele qual for, independentemente do assunto abordado. Ensinar a ler não é tarefa exclusiva do professor de português; compete a qualquer professor, de qualquer disciplina, selecionar ou elaborar textos legíveis que, por um lado, permitam que o aluno compreenda a matéria através do que lê e, por outro lado, contribuam para que ele aprimore cada vez mais a sua proficiência na leitura com compreensão.

Referências bibliográficas

AZEVEDO, Milton M. *On Passive Sentences in English and Portuguese*, 1973. Tese (Doutorado) – Faculty of the Graduate School of Cornell University.

BALDINI, Massimo. *Parlar chiaro, parlare oscuro*. Bari: Laterza, 1989.

BASSI, Cristina M.; LEITE, Márcia. *Português*: leitura e expressão (5ª série). São Paulo: Atual, 1992.

BASTIANETTO, Patrizia Collina. *Legibilidade e argumentação em textos traduzidos*. São Paulo, 2004. Tese (Doutorado) – Universidade de São Paulo.

BERLO, D. K. *O processo da comunicação*: introdução à teoria e à prática. Rio de Janeiro: Fundo de Cultura, 1960.

BOGHOSSIAN, Paul A. What the Sokal hoax Ought to Teach Us. In: KOERTGE, N. (org.). *A house built on sand*, 1998.

BRANSFORD, J. D.; MCCARRELL, N. S. A Sketch of a Cognitive Approach to Comprehension: some thoughts about understanding what it means to comprehend. In: JOHNSON LAIRD, P. N.; WASON, P. C. (eds.). *Thinking*: reading in cognitive science. Cambridge: University Press, 1977.

BROWN, Fredric. *The Best Short Stories of Fredric Brown*. Sevenoaks: New English Library, 1982.

CASTELFRANCHI, Cristiano; PARISI, Domenico. La comprensione dei brani come costruzione di una corretta rete di conoscenze. In: PARISI, D. *Per una educazione linguistica razionale*. Bologna: Il Mulino, 1979.

__________. *Linguaggio, conoscenze e scopi*. Bologna: Il Mulino, 1980.

CHAFE, Wallace. Language and consciousness. *Language*, Baltimore, v. 50, n. 1, p. 111-33, mar. 1974.

__________. Giveness, Contrastiveness, Definiteness, Subjects, Topics, and Point of View. In: LI, Ch. N. (ed.). *Subject and topic*. New York: Academic Press, 1976.

__________. Cognitive Constraints on Information Flow. In: TOMLIN, R. (ed.). *Coherence and Grounding in Discourse*. Amsterdam: John Benjamins, 1987.

CHOMSKY, Noam A. *Aspects of the Theory of Syntax*. Cambridge: MIT Press, 1965.

CLARK, Herbert H.; CLARK, Eve V. *Psychology and Language*: an Introduction to Psycholinguistics. New York: Harcourt Brace Jovanovich, Inc, 1977.

FODOR, J. A.; BEVER, T. G.; GARRET, M. F. *The Psychology of Language*: an introduction to Psycholinguistics and Generative Grammar. New York: McGraw-Hill, 1974.

FRAIHA, Sigrid. *A organização dos textos e a legibilidade (um estudo experimental)*. Belo Horizonte, 1991. Dissertação (Mestrado) – Universidade Federal de Minas Gerais.

FULGÊNCIO, Lúcia. *O problema da interpretação dos elementos anafóricos*. Belo Horizonte, 1983. Dissertação (Mestrado) – Universidade Federal de Minas Gerais.

FUNKHOUSER, G. R.; MACCABY, N. Información científica y legibilidad. In: RICHAUDEAU, F. (org.). *La legibilidad. Investigaciones actuales*. Salamanca: Fundación Germán Sánchez Ruipérez, 1987.

GARROD, Simon; SANFORD, Anthony. Anaphora: a Problem in Text Comprehension. In: CAMPBELL, R. N.; SMITH, P. T. *Recent Advances in the Psychology of Language*. New York: Plenum Press, 1978.

GRICE, H. P. Logic and Conversation. William James Lectures, Harvard University, 1967. In: COLE, P.; MORGAN, J. L. (eds.). *Studies in Syntax*. New York: Seminar Press, 1975, v. 3.

HALLIDAY, M. A. K.; HASAN, R. *Cohesion in English*. London: Longman, 1976.

KATO, Mary. Reconhecimento instantâneo e processamento. In: *Série Estudos*, n. 8, Uberaba, 1982.

_________. *O aprendizado da leitura*. São Paulo: Martins Fontes, 1985.

KEENAN, E. O.; SCHIEFFELIN, B. B. Topic as a Discourse Notion: a Study of Topic in the Conversations of Children and Adults. In: LI, Ch. (ed.). *Subject and topic*. New York: Academic Press, p. 335-84, 1976.

KLEIMAN, Angela. *Leitura*: ensino e pesquisa. Campinas: Pontes, 1989a.

_________ *Texto e leitor*: aspectos cognitivos da leitura. Campinas: Pontes, 1989b.

KOERTGE, Noretta. Postmodernisms and the Problem of Scientific Literacy. In: KOERTGE (org.), 1998. _________. *A house built on sand: exposing postmodernist Myths about Science*. Oxford: Oxford University Press, 1998.

LI, Ch.; THOMPSON, S. A. Subject and Topic: a New Typology of Language. In: LI, Ch. (ed.). *Subject and Topic*. New York: Academic Press, 1976.

LIBERATO, Yara G. *Sobre a oposição dado/novo*. Belo Horizonte, 1980. Dissertação (Mestrado) – Universidade Federal de Minas Gerais.

MACHADO, Denise Gontijo. *Escrever*: sangue, suor e prazer. Oficina de redação. Inédito.

MAGRO, Maria Cristina. *O emprego de advérbios como variável sociolinguística*. Porto Alegre, 1979. Dissertação (Mestrado) – Pontifícia Universidade Católica-RS.

MENDONÇA, Neide R. de S. *Desburocratização linguística*: como simplificar textos administrativos. São Paulo: Pioneira, 1987.

MESQUITA, Roberto Melo; MARTOS, Cloder Rivas. *Português:* linguagem e realidade (6ª série). São Paulo: Saraiva, 1993.

MILLER, G. A. The Magical Number Seven, Plus or Minus Two: Some Limits on our Capacity for Processing Information. *Psychological review*, n. 63, p. 81-97, 1956.

MINSKY, M. A Framework for Representing Knowledge. In: WINSTON, P. (org.). *Psychology of Computer Vision*. New York: McGraw-Hill, 1975.

MOSCONI, Giuseppe. *Il pensiero discorsivo*. Bologna: Il Mulino, 1978.

NASH-WEBBER, B. L. Anaphora: a Cross Disciplinary Survey. *Technical Report*, n. 31. Urbana-Campaign: Center for the study of reading, University of Illinois, 1977.

NATION, I. S. P. *Learning Vocabulary in Another Language*. Cambridge: Cambridge University Press, 2001.

PAWLEY, Andrew; SYDER, Frances Hodgetts. Two Puzzles for Linguistic Theory: Nativelike Fluency and Nativelike Selection. In: RICHARDS, Jack C.; SCHMIDT, Richard W. (ed.). *Language and Communication*. New York: Longman, 1983.

PERFETTI, Charles A. *Reading Ability*. New York: Oxford University Press, 1985.

PERINI, Mário A. Written and Oral Style: Towards a Contrastive Analysis. In: *V Congresso da Association Internationale de Linguistique Appliquée* (AILA), Montreal, 1978.

_________. A função da repetição no reconhecimento de sentenças. *Ensaios de Linguística* n. 3. Belo Horizonte: FALE-UFMG, 1980.

_________. O papel da repetição no reconhecimento de sentenças. In: PERINI, M. A. (coord.). *Definição linguística da legibilidade*. Belo Horizonte: Relatório de pesquisa ao Inep, 1982a.

_________. Tópicos discursivos e legibilidade. In: PERINI, M. A. (coord.). *Definição linguística da legibilidade*. Belo Horizonte: Relatório de pesquisa ao Inep, 1982b.

_________. A leitura funcional e a dupla função do texto didático. In: ZILBERMAN, R.; SILVA, E. T. (orgs.). *Leitura*: perspectivas interdisciplinares. São Paulo: Ática, 1988.

PERINI, Mário A.; FULGÊNCIO, Lúcia; REHFELD, Maria Bernadete. Percepção linguística e fatiamento. *Letras de hoje*, n. 58, Porto Alegre: PUC-RS, 1984.

PONTES, Eunice. Da importância do tópico em português. *Anais do V Encontro Nacional de Linguística*. Rio de Janeiro: PUC-RJ, 1981a.

_________. A Problem in Teaching a First Language: Topicalization in Oral Portuguese. *Ensaios de linguística*, n. 5, Belo Horizonte: UFMG, 1981b.

_________. Construções de tópico em língua escrita. *Ensaios de linguística*, n. 5, Belo Horizonte: UFMG, 1981c.

REHFELD, Maria Bernadete. *Para uma teoria do parágrafo*. Belo Horizonte, 1984. Dissertação (Mestrado) – Universidade Federal de Minas Gerais.

RICHAUDEAU, François. Una nueva fórmula de legibilidad. In: RICHAUDEAU, F. (org.). *La legibilidad. Investigaciones actuales*. Salamanca: Fundación Germán Sánchez Ruipérez, 1987.

RUMELHART, D. E.; ORTONY, A. *The organization of knowledge in memory*. Center for Human Information Processing, University of California, Technical Report, n. 55, 1976.

SANFORD, A.; GARROD, S. *Understanding written language:* explorations of comprehension beyond the sentence. New York: John Wiley & Sons, 1981.

SAUSSURE, Ferdinand de. *Curso de linguística geral*. São Paulo: Cultrix, 1978 (1ª edição 1916).

Schank, R. C. Predictive Understanding. In: Campbell, R. N.; Smith, P. T. (orgs.). *Recent Advances in the Psychology of Language*. New York: Plenum Press, 1978.

Segrillo, Ângelo. *O declínio da URSS*: um estudo das causas. Rio de Janeiro: Record, 2000.

Smith, Frank. *Compreendendo a leitura*: uma análise psicolinguística da leitura e do aprender a ler. Porto Alegre: Artes Médicas, 1989.

Sokal, Alan; Bricmont, Jean. *Imposturas intelectuais*: o abuso da ciência pelos filósofos pós-modernos. Rio de Janeiro: Record, 1999.

Van Dijk, Teun A. *Cognição, discurso e interação*. São Paulo: Contexto, 2002.

Wilkins, A. J. Conjoint Frequency, Category Size and Categorization Time. *Journal of Verbal Learning and Verbal Behavior*, n. 10, 383-5, 1971.

Índice remissivo

As autoras

Yara Liberato nasceu em Belo Horizonte, cidade em que realizou seus estudos. Formou-se em Letras pela Universidade Federal de Minas Gerais (UFMG), tendo sido monitora das disciplinas francês e linguística. Em 1977 passou a dar aulas de linguística na mesma faculdade. Em 1980 terminou o curso de mestrado em linguística e em 1997 doutorou-se também em linguística. Dentre seus trabalhos publicados incluem-se a organização de revistas e vários artigos na área de linguística.

Lúcia Fulgêncio nasceu em Belo Horizonte, onde realizou seus estudos. Cursou a Faculdade de Letras da Universidade Federal de Minas Gerais (UFMG), tendo sido monitora de italiano. Concluiu o curso em 1974, obtendo as licenciaturas de italiano e francês, e no ano seguinte ingressou como professora na mesma faculdade, no Departamento de Letras Românicas. Cursou o mestrado em linguística na UFMG e frenquentou cursos de especialização na Itália. Dentre seus trabalhos publicados incluem-se vários artigos de linguística e dois livros na área de ensino de línguas estrangeiras, publicados na Itália. Foi parecerista do PNLD/2006 ("Programa Nacional do Livro Didático"), e durante os anos de 2001 e 2002 foi professora na Universidade do Mississippi (EUA).